BE R.I.C.H.
VON CHRISTINA
ISABELLA KAISER

CHRISTINA ISABELLA KAISER

BE
R.I.C.H.

Wie du inneren und äußeren Reichtum lebst

1. Auflage 2021

Wichtiger Hinweis: Dieser Ratgeber ist als Inspirationsquelle angedacht und mit größter Sorgfalt erstellt worden. Er gibt dir wirkungsvolle Werkzeuge zur Hand, die man auf psychisch gesunder Basis einsetzen kann. Ich möchte darauf hinweisen, dass sie keine Therapie oder ärztliche Behandlung/Beratung ersetzen. Sie sind vielmehr als Hilfe zur Selbsthilfe zu verstehen.

Die enthaltenen Angaben sind dennoch ohne Gewähr. Die Autorin kann keinerlei Haftung für eventuelle Schäden oder Nachteile übernehmen, die aus den im Ratgeber gegebenen Hinweisen resultieren.

Aus Gründen der besseren Lesbarkeit wird im Folgenden auf die gleichzeitige Verwendung weiblicher und männlicher Sprachformen verzichtet und das generische Maskulinum verwendet. Sämtliche Personenbezeichnungen gelten gleichermaßen für beide Geschlechter.

Druck:
PRINT GROUP Sp. z o.o. (Printed in Poland)

Lektorat/Korrektorat:
Lena Eichinger | www.lena-eichinger.at

Cover-/Umschlaggestaltung und Buchsatz:
Buchgewand Coverdesign | Torsten Sohrmann | www.buch-gewand.de

unter Verwendung von Motiven von
stock.adobe.com: © detshana, © ngupakarti, © Phawat

ISBN: 978-3-00-068560-6
Auch als E-Book erhältlich!

Vorwort 13

**Einleitung: R.I.C.H. – Das Geheimnis der
vier Puzzleteilchen** 17

**Puzzleteil Nummer eins: R wie innerer Reichtum oder:
Reinige dein Leben von Zweifeln und Ängsten** 25
Warum wir unserem inneren
Reichtum oft selbst im Weg stehen 25
  • Sabotageakte vom inneren Kritiker 28
  • Der innere Kritiker – ein Teil von dir 30
  • Übung: So gehst du auf Tuchfühlung
    mit dem inneren Kritiker 34
  • So machst du deinen inneren Kritiker
    zum Komplizen 36
  • Step by Step zum leichteren Merken: So
    söhnst du dich mit dem inneren Kritiker aus 40
  • Aus der Praxis: Wie sich der innere
    Kritiker bemerkbar machen kann 41
  • Radiergummi gegen innere Bilder 45
  • Übung: Radiere unangenehme Bilder aus 46

Das Geheimnis um das richtige Denken 47
  • Bewusster versus unbewusster Verstand 56
  • Wie sich Gedankenmüll ansammeln konnte 58
  • Die Hüter der hinderlichen Gedanken 60

Loslassen auf allen Ebenen:
Die Detox-Kur für Körper und Geist 66

Detox-Tipp Numero eins:
Finde das Essen, das zu dir passt! 67
  • Nutze die Pflanzen-Power 68
  • Frisch, regional und saisonal 69
  • Heilendes Wasser 69
  • Folge deinem Sättigungsgefühl 70

Detox-Tipp Numero zwei:
Schlaf dich gesund und schön 72

Detox-Tipp Numero drei:
Finde den Sport, der zu dir passt 74

Detox-Tipp Numero vier: Gesellschaftliches Entgiften 77

Detox-Tipp Numero fünf: Bringe Ordnung ins Chaos 79
• Aufräumen mit System 81
• Nachhaltiges Ausmisten 81
• Stilvolle Ordnungs-Talente 83
• Der Plan zum wohlgeordneten Zuhause 85

Detox-Tipp Numero sechs: Stöbere deine
hinderlichen Denkweisen auf! 88
• Die Türöffner zum Unbewussten 89
• Übung: Wo drückt der Schuh? 93
• Glaubenssätze aufspüren – so geht's 95
• Die Liste der üblichen Verdächtigen 98

Detox-Tipp Numero sieben: Gedanklichen
Ballast entrümpeln 101
• Übung: „Entkleide" Glaubenssätze wie eine Zwiebel 103

Die Königsklasse: Bilde ein Dreamteam
mit deinem Unbewussten 110
• Übung: Ein Date mit dem Unbewussten 114
• Klopfe deinem Unbewussten auf die Finger! 118

Wie du dein Leben neu ausrichtest 122
• „Glückskekse fürs gute Leben" – Hilfreiche Affirmationen 123
• Sei liebevoll zu dir und schenk dir Zeit 127
• So pflanzt du Affirmationen nachhaltig ein 133
• Denk dir die Welt, die dir gefällt 134
• Affirmations-Meditation 136

Puzzleteil Nummer zwei: Inneren Reichtum leben oder:
I wie Ideale, Werte, Träume, Ziele **141**
Wie du dein Leben zum Schmuckstück formst 141
   • Welche Herzenswünsche möchtest du leben? 142
   • Traumreise – So formst du dein Leben zum Schmuckstück ... 145
   • Übung: Lasse die Macht der Bilder walten 150
   • Übung: Warm-up-Übung fürs Ankern 152
   • Übung: Klappe, die erste: Das Drehbuch
     für dein Traumleben 154

Dein Herzensziel auf dem Prüfstand 156

Tipp: Mit der Collage ab ans Ziel! 159
   • Collage: So geht's 162

Der Schalter zu mehr Gelassenheit und Co. 163
   • So installierst du den Schalter zu mehr Gelassenheit 166
   • Reminder: In fünf Schritten zum Anker 170

Das Überflieger-Gefühl per Tastendruck 170

Endlich ohne Zweifel: Transformiere den Angsthasen in dir! 174

Die Sushi-Formel: Dein Ziel in kleinen Häppchen 181
   • Übung: Treppauf zum Ziel 183

Puzzleteil Nummer drei:
C wie locke Chancen in dein Leben **187**
So lockst du das Gute in dein Leben 187

Selbstliebe ist der Schlüssel 195
   • Übung zur Selbstliebe – Entdecke deine Schoko-Seite! 197

Wie Dankbarkeit deinen Fokus verändert 198

Drei Bösewichte, die dich von innerem und äußerem
Reichtum fernhalten könnten 200

Puzzleteil Nummer vier: H wie Handeln **203**
Ciao, Mister Schweinehund! 203

Entdecke dein Potenzial 207

Das Mama-„Problem" – Kind als Karriereknicker? 208

Träume tatsächlich leben: So klappt es 210

Nimm das Ruder selbst in die Hand! 213

So greifen die vier Puzzleteile ineinander **216**

Hinweise zu den Übungen **220**

Literatur- und Quellenverzeichnis **220**

KLEINER TIPP, BEVOR DU BEGINNST, MEIN BUCH ZU LESEN:

Am Ende des Buchs findest du einen Vermerk zu meiner Website, wo für dich ein kostenloses Workbook zum Buch wartet. Darin enthalten sind alle Übungen und nützliche Tipps.

Viel Spaß beim Lesen!

Vorwort

*„Trenne dich nicht von deinen Illusionen.
Wenn sie verschwunden sind, wirst du weiter
existieren, aber aufgehört haben zu leben."*

MARK TWAIN

Reichtum. Was ist Reichtum? Man könnte sagen: Reichtum ist, was du als Reichtum erachtest. Bereits die Definition stellt klar, dass dein Reichtum vollumfänglich von deiner Person abhängt. Oder sollte ich besser sagen: von deiner Persönlichkeit? Erlaube mir, an der Stelle etwas tiefer einzusteigen. Der Begriff Persönlichkeit geht auf das Theaterspiel im alten Griechenland zurück. Dort steht er für die Maske (persona), die der Schauspieler trägt. Die Maske versinnbildlicht die Rolle, die er im Theaterstück einnimmt. Unsere Persönlichkeit ist dementsprechend die Rolle, die wir im Schauspiel unseres Lebens einnehmen. Sie ist das Verbindungsstück zwischen Innen- und Außenwelt. Und irgendwo dort ist unser persönlicher Reichtum verborgen. Auf der Suche nach diesem persönlichen Reichtum gilt es stets die Worte Goethes im Hinterkopf zu behalten:

„Müsset im Naturbetrachten
Immer eins wie alles achten:
Nichts ist drinnen, nichts ist draußen;
Denn was innen, das ist außen.
So ergreifet ohne Säumnis
Heilig öffentlich Geheimnis."

Eine Empfehlung, die sich in der „R.I.C.H.-Lebensformel"
in verschiedenen Facetten widerspiegelt. „Nichts ist drinnen, nichts ist draußen; denn was innen, das ist außen."

Mit diesem Wissen lädt die Autorin zu einer spannenden
Reise in dein Innerstes ein. Das Buch ist wie ein Spiegel, in den du schaust. Es liegt an dir, ob es bei einem
flüchtigen Blick bleibt oder ob du mutig und neugierig
dein Spiegelbild betrachtest. Genau jene Betrachtung ist
die Grundlage deines Reichtums. Denn alles, was du für
deinen Reichtum brauchst, ist bereits jetzt in dir vorhanden. Du musst nur bewusst hinschauen. Dank unzähliger Tools aus den Bereichen der Ziel-, Motivations- und
Kommunikationspsychologie sowie Formaten aus dem
Neurolinguistischen Programmieren (NLP) findest du die
für dich passenden Schritte auf deinem Weg zu deinem
persönlichen Reichtum. Christina Kaiser zeigt dir Schritt
für Schritt, wie es dir gelingt, durch den Blick ins Innere eine Veränderung im Außen zu erzielen. Aus einzelnen Puzzleteilen entsteht von Kapitel zu Kapitel mehr

und mehr ein Gesamtbild. Dieses Gesamtbild gibt dir die Klarheit, die für dein Leben im inneren und äußeren Reichtum notwendig ist. Und jetzt wünsche ich dir viel Freude, Mut und Neugierde beim Puzzeln.

Benedikt Salehi
Diplom-Psychologe
NLP Master Practitioner

Einleitung

R.I.C.H. – DAS GEHEIMNIS DER VIER PUZZLETEILCHEN

Liebe Leserin, lieber Leser,

was ich immer wieder in den unterschiedlichsten Situationen feststelle: Das Leben ist vergleichbar mit einem überdimensionierten dynamischen Puzzle. Irgendwie scheint man immer auf der Suche zu sein nach dem einen fehlenden Teilchen, das gerade nötig wäre, damit sich endlich alles rundum gut, perfekt und sorgenfrei anfühlt. Zumindest hat mich dieses Gefühl in einigen Bereichen meines Lebens begleitet – bis sich eines schönen Sommermorgens alles ändern sollte. Ich wachte auf und spürte etwas ganz Federleichtes und Wonniges in mir, was ich bisher noch nicht kannte. Ich blinzelte den zarten Sonnenstrahlen, die ihren Weg durch die Rollo-Ritzen ins Zimmer fanden, schläfrig entgegen, und das Erste, was mir in den Sinn kam, war der Gedanke: „Wow, mein Leben ist perfekt!". Mich durchströmte eine unbeschreibliche Woge des Glücks und der Leichtigkeit. Es fühlte sich an, als hätte ich zurückgefunden zu tiefstem innerstem Urvertrauen. Das war einfach überwältigend. Dennoch muss ich gestehen, dass ich mich zunächst tatsächlich dabei ertappte, in meinem Gedächtnis nach irgendwelchen Problemen zu kramen. Denn es war für mich gänzlich ungewohnt, sich einmal um nichts Sorgen machen oder nicht über etwas grübeln zu müssen. Aber so angestrengt ich auch in sämtlichen Schubladen meines Gehirns stöberte, da war nichts zu finden: Geldsorgen? Alles im grünen Bereich. Beziehungsstress? Alles in bester Harmonie. Krankheiten? Meine Lieben und ich erfreuten uns glücklicherweise bester Gesundheit. Ein stressiger Abgabetermin oder nörgelnde Kunden? Selbst da sah alles rosig aus!

Als ich das erkannte, durchströmte mich ein Gefühl von tiefer innerer Harmonie, Zufriedenheit und unendlicher Dankbarkeit. Ich genoss diesen Moment sehr. Und: Ich wollte mehr davon. Also beschloss ich: „Das muss zum Dauerzustand werden!" Allerdings fände ich es unfair, das alleine für mich in Anspruch zu nehmen. All das Suchen nach fehlenden Puzzleteilen, all die steinigen Umwege, die ich bisher gegangen war, ganz zu schweigen von dem vielen Lehrgeld, das ich dabei zu berappen gehabt hatte – all das möchte ich vielen Menschen schlichtweg ersparen. Aus dem Grund fasste ich den festen Entschluss, es als meine Mission zu betrachten, die einzelnen Puzzlestücke, die mich zu diesem Gefühl des inneren Reichtums geführt hatten, zusammenzutragen. Ich möchte sie auf diesem Wege mit dir teilen. Sie lassen sich übrigens zu einer Formel zusammensetzen: Ich nenne sie die R.I.C.H.- Lebensformel. Die Initialen des Akronyms stehen stellvertretend für die einzelnen Schritte auf dem Weg, der mich zu meinem Gefühl von innerem Frieden geführt und mir aufgezeigt hat, welche Werte ich wirklich leben möchte und vor allem: wie ich sie in meiner äußeren Welt manifestiere. Das Tolle ist: Du kannst die einzelnen Steps ganz einfach auf dich ummünzen und maßgeschneidert in deinem Leben anwenden. Ich gebe dir von mir erprobte Tools an die Hand, die wirklich zu hundert Prozent funktionieren. Sie sind sozusagen die fehlenden Puzzleteile, die ich gerne schon in jungen Jahren gekannt hätte. Denn ich habe viel Zeit damit verbracht, teure Seminare zu besuchen und unzählige Bücher zu verschlingen – mit dem ernüchternden Ergebnis, am Ende trotzdem nur mit Fragezeichen dazustehen. Das möchte ich dir mit den Tipps und Übungen in diesem Buch ersparen. Wenn du sie dir wirklich zu Herzen nimmst und mit ihnen arbeitest, versprechen sie dir, daraus das Leben zu kreieren, nach dem du dich immer schon gesehnt hast. Bist du bereit, Veränderungen anzupacken? Dann lass uns loslegen. Zuvor möchte ich dich aber noch in das Geheimnis einweihen, was sich denn hinter den vier Puzzleteilen versteckt.

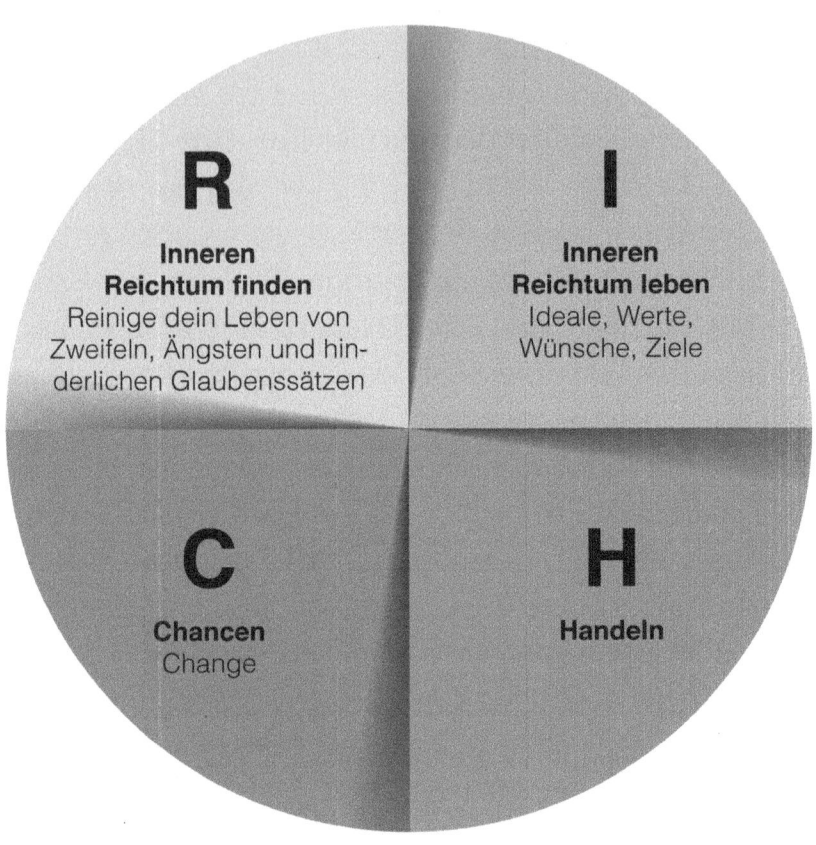

"Wer bin ich, wenn mich meine Ängste und Zweifel nicht mehr zurückhalten?" Die Antwort auf diese Frage kann der Schlüssel sein, der einen mächtigen Veränderungsprozess in dir ins Rollen bringt. Deshalb steht das R für: Reinige dein Leben von Zweifeln, Ängsten, Sorgen und Alltagsproblemen. Denn diese Übeltäter stehen dem, was ich unter innerem Reichtum verstehe, entgegen.

Wie ich es geschafft habe, die prominentesten Vertreter unter ihnen aus meinem Leben zu verbannen oder mich zumindest mit ihnen zu arrangieren, zeige ich dir

Schritt für Schritt im ersten Puzzleteil auf. Du kannst mir glauben: Sie haben auch mich eine gewisse Zeit meines Lebens gegängelt. Dadurch habe ich mir viele gute Chancen selbst verbaut – sowohl im Privaten als auch karrieretechnisch betrachtet. Aber: In allem Negativem steckt etwas Positives. So entstand genau aus diesen Erfahrungen mein brennender Wunsch, anderen aufzuzeigen, wie auch sie sich aus dem einschnürenden Korsett aus Ängsten und Zwängen befreien können, und sie dann auf ihrem Weg zu begleiten, ihr volles Potenzial zu leben. Denn: Losgelöst von Ängsten und Zweifeln ist die Basis geschaffen, um dich innerlich reich zu fühlen!

Deswegen kann R zugleich dafür stehen, inneren Reichtum zu finden. Dieser manifestiert sich in meiner Welt in jenem geborgenen Gefühl des Urvertrauens – sprich: völlig frei von Ängsten, Sorgen und Zweifeln zu leben. Wie ein Kind, das gar nicht weiß, dass es Sorgen überhaupt gibt. Vielleicht hast du auf der Skipiste schon einmal die Allerkleinsten beobachtet: Sie stürzen sich einfach im Schuss den Hang hinunter – weil sie die Gefahren gar nicht kennen. Sie haben nicht auf dem Schirm, dass sie auf einer Eisplatte ausrutschen und sich ein Bein oder den Arm brechen könnten. Sie leben und handeln aus ihrem tiefsten Urvertrauen heraus. Das macht Spaß und kennt gar kein Scheitern. Leider verlernen wir das mit dem Heranwachsen nur allzu schnell. Die gute Nachricht ist: Gewusst wie, lässt es sich zurückgewinnen. Und ich kann dir nur empfehlen, das zu tun. Schließlich gehört es für mich zu meiner Definition von innerem Reichtum.

Innerer Reichtum bedeutet jedoch für jeden Menschen etwas anderes. Hier spielen unsere Ideale, Werte, Wünsche und Ziele die Hauptrolle. Sie stehen daher für das I, das gleichermaßen dafür stehen kann, inneren Reichtum zu leben. Haben wir unsere Ziele klar skizziert und fest im Visier, tun sich meist wie magisch neue Chancen auf. Für sie steht folglich das C.

Letztendlich greifen alle Puzzleteile nur ineinander, wenn wir auch ins Handeln kommen. Dieser wichtige und oft unterschätzte Punkt versteckt sich hinter dem H.

Puzzeln wir nun fröhlich alle Teilchen zusammen, ergibt sich das, was ich liebevoll die „R.I.C.H.-Lebensformel" nenne. Sie gibt dir die nötigen Werkzeuge an die Hand, die dir dabei helfen, deine Ängste und Zweifel nach und nach aus dem Weg zu räumen. Musst du dich nicht mehr um sie kümmern, wird plötzlich immense Energie freigesetzt. Sie wird dich beflügeln, das in dein Leben zu ziehen, was dir wirklich am Herzen liegt. Rich bedeutet übersetzt ja auch reich – und das wünsche ich dir, zu sein, sowohl in deiner inneren Welt als auch in allen Bereichen der Welt, die dich umgibt.

Dazu zählt für mich persönlich vor allem eine warme, herzliche Partnerschaft mit der großen Liebe, mit der ich auch unsere wunderbare eigene Familie gegründet habe. Genauso gehört dazu eine strotzende Gesundheit sowie ein Körper, in dem ich mich rundum pudelwohl fühle. Finanzielle Sorgenfreiheit geht für mich einher mit einer Berufung, der ich mit Leidenschaft nachgehe, die ich sogar als meine Mission betrachte – kurzum, ein rundum erfülltes Leben. Was bedeutet innerer Reichtum für dich? Lass es uns gemeinsam herausfinden. Denn meine Vision ist es, dich mit meinem Buch dabei zu begleiten, deinen individuellen Weg zu deinem persönlich definierten Traumleben zu entdecken. In dem Sinne: Be R.I.C.H. in all deinen Lebensbereichen! Du bist es wert!

Herzlichst,

deine Christina

Puzzleteil Nummer eins:

R WIE INNERER REICHTUM ODER: REINIGE DEIN LEBEN VON ZWEIFELN UND ÄNGSTEN

WARUM WIR UNSEREM INNEREN REICHTUM OFT SELBST IM WEG STEHEN

Es gibt gewisse Momente im Leben, da fühlen wir uns wie von uns selbst ausgebremst. „Das schaffe ich niemals", „Was ist, wenn es am Ende doch nicht hinhaut? Da lass ich lieber gleich die Finger davon", „Was bin ich doch wieder für ein Versager", „Ich werde mich garantiert bis auf die Knochen blamieren" – Hand aufs Herz: Wie oft hast du dich in der letzten Zeit dabei ertappt, dich selbst mit solchen Schwarzmalereien zur Schnecke degradiert zu haben?

Wenn wir in der Negativ-Gedankenspirale feststecken, machen wir uns selbst klein wie eine Schnecke – und erlauben dadurch, das Gesagte oder Gedachte zur inneren Realität werden zu lassen. De facto sind wir aber doch gar nicht so klein, wie wir es uns einreden! Und wie oft ist es vorgekommen, dass wir etwas nicht geschafft oder uns wirklich blamiert haben? Wir werfen einzelne Erfahrungen gerne in einen Topf und lassen sie verallgemeinert für alle gelten. Darum gehen wir in solchen Momenten so hart mit uns selbst ins Gericht. Das Problem daran ist, dass wir uns mit solchen sabotierenden Gedanken selbst im Weg stehen – ohne es wirklich zu merken. Gehen wir mit den Scheuklappen aus Ängsten und Zweifeln durchs Leben, werden wir blind für all die Fülle, die Schönheit und den wahren Reichtum, den es uns in Wahrheit zu schenken hat. Das Schlimme daran ist: Wir vermasseln damit selbst die Dinge, die uns wichtig sind. Das fängt mit kleinen „Lappalien" im Alltag an, die zur großen Katastrophe aufgepustet werden können – zumindest aus unserer Sicht der Dinge.

Beispiel gefällig? Bitte sehr: Nehmen wir einmal das sexy, superausgeschnittene Kleid, mit dem wir alle zum Staunen bringen wollten. Wir haben dafür ein gefühltes Vermögen hingelegt. Aber je näher der Abend der großen Party rückt, umso mehr melden sich die Selbstzweifel zu Wort: „Ist das nicht zu gewagt? Das lässt doch viel zu tief blicken. Und meine Güte – mit meiner Taille sehe ich darin aus wie ein Marshmallow-Männchen."

Zugegeben, dieses Beispiel können vermutlich nur meine lieben Leserinnen nachempfinden – oder möglicherweise deren Partner davon ein Lied singen. Aber seien wir einmal ehrlich: Mit solchen inneren Selbstgesprächen machen wir uns doch auch oftmals vor wirklich weichenstellenden Terminen das Leben unnötig schwer. Das mag die Präsentation vor der versammelten Geschäftsleitung sein, die von unseren genialen Ideen überzeugt werden möchte. Wir haben lange darauf hingearbeitet, viel Fleiß und Zeit investiert und die Präsentation bis ins Detail vorbereitet. Schließlich geht es darum, die nächste Sprosse der Karriereleiter zu erklimmen – aber eine Stimme in uns macht uns innerlichen Stress: „Bin ich ausreichend vorbereitet? Was ist, wenn ich aus heiterem Himmel den Faden verliere? Ich werde mich garantiert blamieren."

Ähnliches kann vor dem Gespräch mit dem neuen Kunden oder Geschäftspartner passieren. Hier kann es oftmals nicht nur um richtig viel Geld gehen, sondern auch darum, wie rosig unsere Zukunft einmal aussieht. Wir stellen uns vor solchen weichenstellenden Ereignissen gedanklich gerne selbst ins schlechteste Licht. Das kann schlimmstenfalls so weit gehen, dass wir selbst während des Gesprächs Dinge sagen, die unsere eigentlich herausragenden Leistungen sprichwörtlich „unter den Scheffel stellen". Im Nachhinein ärgern wir uns natürlich grün und blau, wenn die angedachte Zusammenarbeit platzt wie eine Seifenblase – aus der Traum! „Wieder einmal versagt, ich hab's ja gleich gewusst", damit tadeln wir uns dann auch noch selber – was unseren Unmut weiter wachsen lässt.

Mit so einer Selbstsabotage halten wir uns selbst vom Glücklichsein ab. Wir richten unsere Aufmerksamkeit auf all die Dinge, die vermeintlich schieflaufen. Damit bringen wir eine negative Spirale in Gang, die einem Leben in innerer Harmonie und Reichtum entgegensteht. Das kann mit den kleinen Lappalien wie dem Kleid anfangen, durch die wir uns einen Abend lang nicht wohlfühlen in unserer Haut. Gut, ziehen wir halt den Bauch ein, und am nächsten Tag ist das Problem sprichwörtlich „gegessen". Das innere Genörgel meldet sich also bei dem einen häufiger, bei dem anderen seltener. Es kann aber auch weitere Kreise ziehen. Im schlimmsten Fall kann es Überhand gewinnen und sich in gravierenden Missständen in sämtlichen Lebensbereichen manifestieren. Die Partnerschaft kann bröckeln. In der Berufswelt kann es zu handfesten Problemen kommen. Wenn unser Gedanken-Karussell dann nur noch um Sorgen und Probleme kreist, scheinen all die großen Träume und Ziele in unserem Leben plötzlich in ungreifbare Sphären verschoben zu sein – wenn uns der dichte Dschungel des Alltags-Chaos überhaupt erlaubt, uns noch an sie zu erinnern.

. . . .

Sabotageakte vom inneren Kritiker

Und jetzt erneut Hand aufs Herz: Wie oft hast du in der letzten Zeit solcherlei Selbstsabotage-Akte erlebt? Lautet die Antwort mehr als einmal, dann könnte es sein, dass du einem gewissen Herrn Meckermaul zum Opfer gefallen bist. Das ist dieser grau angezogene kleine Kerl, der die karierte Baskenmütze tief in die Stirn gezogen hat und immer so grimmig dreinschaut. Der hat sich augenscheinlich bei dir eingenistet. Er lässt keine Gelegenheit aus, um dir zuzuflüstern: „Wieder einmal versagt", „Das geht aber besser" oder „Mamma mia! Wie siehst du denn heute wieder aus".

Was ich meine ist diese Stimme, die so ziemlich jedem von uns innewohnt. Sie ist auch bestens bekannt als der innere Kritiker. Genau: Das ist derjenige, der uns zuverlässig daran erinnert, was alles schiefgehen kann. Der tausend gute Gründe findet, warum etwas partout nicht klappen mag und ein Virtuose darin ist, stets die passende Ausrede zu finden. Zu alt, zu jung, zu wenig Kapital, zu klein, nicht gut genug – das ist nur eine kleine Auswahl seiner Pauschalausreden.

Der Kritiker in uns kennt da kein Pardon. Ständig schmiert er uns unsere Fehler aufs Butterbrot. Geradezu meisterhaft stellt er es an, dass wir uns selbst einen Strich durch die Rechnung machen und gerade die Dinge vermasseln, die uns besonders am Herzen liegen. Manchmal fühlt es sich an, als würde er rücksichtslos wie ein Klabautermann durch unser Leben turnen und alles auf den Kopf stellen. Der Knackpunkt ist: Auf diese Art und Weise sind wir weit davon entfernt, uns innerlich reich und in Harmonie mit uns selbst zu fühlen. Wir sabotieren uns mit dem inneren Gemeckere vielmehr selbst – und das ganz ungewollt und vor allem: völlig unbewusst!

Man könnte also vereinfacht sagen: Es ist in ganz vielen Fällen dieser innere Kritiker, der uns so übel mitspielt. Er und seine Komplizen können daran schuld sein, dass wir uns in unerwünschte Lebenssituationen bringen konnten, die uns fern halten von dem Leben, das uns eigentlich vorschwebt. Zumindest können sie zu den üblichen Verdächtigen in der Schuldfrage gehören. Denn es gibt noch ein ganzes Bündel an weiteren Faktoren wie mangelndes Selbstbewusstsein und Co., die eine Rolle spielen können.

Stellt sich die Frage: Wäre es denn nicht möglich, dieses Meckermaul einfach auszutricksen? Es gibt sogar eine einfache und kluge Taktik: Mach den inneren Nörgler zu deinem Komplizen! Er ist nämlich per se auf deiner Seite. Wie du das am besten anstellst? Dazu ist es zunächst einmal hilfreich, den inneren Kritiker als einen Part deiner Persönlichkeit zu betrachten. Meiner Erfahrung nach ist diese Anschauung die beste Wunderwaffe auf dem Weg zu innerer Erfüllung. Daher werden wir ihr öfter in diesem Buch begegnen und auch wirkungsvolle Übungen mit ihr machen.

. . . .

Der innere Kritiker – ein Teil von dir

Mit der hilfreichen Vorstellung, dass in uns unterschiedliche Persönlichkeitsanteile wohnen, arbeiten verschiedene Modelle.

Ein sehr bekannter Klassiker ist etwa die Metapher des Psychologen Friedemann Schulz von Thun: Demnach steckt in uns ein ganzes „Inneres Team". Dessen einzelne „Mitglieder" gilt es, genauer unter die Lupe zu nehmen und zu einem möglichst harmonischen Miteinander anzuregen. Wenn du gerne tiefer in die Materie eintauchen möchtest, kann dir sein Modell wunderbar dabei helfen, diese Vorstellung anschaulich zu machen.

Auch im NLP, dem Neurolinguistischen Programmieren, gibt es wirkungsvolle Formate, in denen das sogenannte Teilemodell eine Rolle spielt. Es kann uns aber auch dabei helfen, den inneren Kritiker zu deinem Komplizen zu machen.

NLP – was es mit den drei Buchstaben auf sich hat

Da wir später mit einigen Power-Tools aus dem NLP arbeiten, möchte ich einen kurzen Ausflug unternehmen, um dir zu erklären, was es mit den drei mysteriösen Buchstaben auf sich hat. Zugegeben: Auch ich dachte lange Zeit, es handelt sich hier um das Thema Computerprogrammierung, worauf der Name schließen lässt. Aber warte bitte noch einen Moment, bevor du das Buch hier und jetzt in die nächste Ecke pfefferst: Es hat nicht im Geringsten mit Computern zu tun. Vielmehr ist NLP in meiner Welt eine Wunderwaffe, die es erlaubt, auf Entdeckungsreise in uns selbst zu gehen. Es gibt uns viele wirkungsvolle Werkzeuge an die Hand, mit denen sich Ängste und hinderliche Denk- und Verhaltensweisen auflösen und Ziele verwirklichen lassen.

Grob vereinfacht gesagt geht es darum, wie wir wahrnehmen und wie wir die aufgenommenen Informationen neuronal verarbeiten und abrufen. Für „Neuro" steht somit das N. Das L steht für Linguistik. Hier geht es um das spannende Thema Sprache – wie wir mit unserem Gegenüber reden, aber auch, welche innerlichen Selbstgespräche wir führen. Dazu gehört natürlich auch, was wir denken. Unsere Sprache erlaubt uns ganz tiefgründige Einblicke in unser Innenleben und kann es darüber hinaus beeinflussen. Das P steht tatsächlich für Programmieren. Aber es geht vielmehr darum, wie wir gewünschte Verhaltensweisen und Denkmuster auf Knopfdruck abrufen oder eben für uns förderlich „programmieren" können.

Wenn du möchtest, kannst du dir das Thema mit den inneren Teilen wie ein riesengroßes, in dir wohnendes Netzwerk vorstellen. Sämtliche Akteure sind hier miteinander verwoben. Jeder von ihnen ist Experte oder Fachmann in einem bestimmten Sachgebiet. Jeder Beteiligte hat aber auch seinen eigenen ausgeprägten Charakter. Das bringt mit sich, dass jeder ein Verfechter seines speziellen Standpunkts sein kann und seinen Senf dazugeben möchte. Du kannst dir ausmalen, dass da Reibereien programmiert sind. Aber das sehen wir uns später noch genauer an.

Zurück zum Netzwerk: Den Kritiker kennst du ja nun bereits. Versuche ihn dir also einmal als Teil des Netzwerks vorzustellen. Naturgemäß ist er nicht allein – sonst würde das mit dem Netzwerken ja nicht klappen. Da könnte also auch ein Teil vorhanden sein, der tolle Zukunftsvisionen hat – der Träumer wird in vielen Modellen und

Formaten genutzt. Dann gibt es bestimmt einen Mister Wissenschaft, sozusagen ein geniales Superhirn, das immer eine gute Lösung parat hat. Vielleicht zählt auch ein gewisser Mister Sparfuchs dazu, der alles stets durch die Kostenbrille betrachtet. Seine Aufgabe kann es sein, die Finanzen brav beisammenzuhalten. Oder gehört zu deinem Netzwerk eine Super-Mum, die immer nur das Beste für ihr Kleines will? Gleiches gilt natürlich für Super-Dad!

Probier doch einmal aus, wie es sich für dich anfühlt, dir jeden einzelnen dieser inneren Teile personifiziert vorzustellen. Sprich: Vielleicht möchtest du für den Anfang einmal versuchen, dir auszumalen, wie dein innerer Kritiker wohl aussehen mag. Vielleicht kommt dir das kleine graue Männchen in den Sinn - das mit der karierten Baskenmütze, das ich im vorherigen Kapitel als Beispiel gewählt habe. Vielleicht ist es bei dir aber auch eine Dame mit weißen Haaren und Dutt, mit einer strengen Brille im Gesicht. Oder wie genau sieht dein innerer Kritiker oder deine Kritikerin aus?

Prima! Jetzt hast du der inneren Stimme, die da immer nörgelt, ein Gesicht verliehen. Das ist schon einmal ein guter erster Schritt, um sie besser kennenzulernen.

Wenn man sich kennenlernt, gehört es zur Etikette, seinen Namen auszutauschen. Immerhin wird man dadurch auch vertrauter. Ergo benötigt dein innerer Kritiker, dieser Anteil, der in deinem inneren Netzwerk mit am Werkeln ist, einen passenden Namen. Wie könnte dein innerer Kritiker denn heißen? Du kannst ihm zum Beispiel den Namen „Lieselotte Meckermaul" oder schlichtweg „Peter" (von „Miesepeter") verpassen. Dann könnt ihr euch einander vorstellen und einmal beschnuppern. Das ist ein guter erster Schritt der Annäherung. Denn so viel vorab: „Komplett vor die Tür setzen wirst du diesen Anteil von dir wohl nicht können. Deine Chance liegt also darin, dich mit ihm gut zu stellen und zu arrangieren", kann der Diplom-Psychologe und Unternehmenscoach Benedikt Salehi aus seiner langjährigen Erfahrung berichten. Bevor er dir verrät, wie du das am besten anstellst, ist es natürlich sinnvoll, in einem ersten Schritt auf Tuchfühlung mit deinem inneren Kritiker zu gehen. Dazu möchte ich dich in der folgenden Übung einladen.

💡 Übung
So gehst du auf Tuchfühlung mit dem inneren Kritiker

Suche dir dafür ein ungestörtes Plätzchen, an dem du dich richtig wohlfühlst und gut abschalten kannst.
Wenn es hilft, schließe dazu ruhig die Augen.
Atme ein paar Mal tief ein und aus.

Wenn du dich bereit fühlst, frage dich selbst:
• Wie kann mein innerer Kritiker aussehen?
• Tritt er als Person auf?
• Präsentiert er sich als Symbol?

- Fühle einmal tief in dich hinein: Gibt es einen Punkt in deinem Körper, an dem er sich bemerkbar macht?
- Gibt es einen Namen, der zu ihm passt?

Nimm dir dazu bitte ausreichend Zeit. Wenn du dir ein Bild machen konntest oder ein „Gespür" für ihn bekommen hast, bitte ihn im nächsten Schritt, sich mit dir in Verbindung zu setzen.

Beobachte dich, spüre und horche eine Zeit lang in dich hinein.

Lasse nun die Übung ganz in deinem Tempo ausklingen. Atme ein paar Mal tief ein und aus.

Öffne langsam die Augen.

Komm mit jedem Atemzug mehr und mehr ins Hier und Jetzt zurück, bis du merkst, wieder voll und ganz dort angekommen zu sein!

Sollte er sich nicht gleich zu Wort melden, ist das gar kein Beinbruch. Lasse das Erlebte in dir wirken. Du wirst sehen, über Nacht wird sich einiges tun. Vielleicht möchte sich dein Kritiker im Traum bemerkbar machen. Möglicherweise kann das auch einige Tage dauern, bis er mit dir in Kontakt tritt. Schenke dir die Zeit! Du wirst sehen: Es lohnt sich!

So machst du deinen inneren Kritiker zum Komplizen

Herzlichen Glückwunsch! Nun hoffe ich, du hast deinen inneren Kritiker schon ein wenig kennengelernt. Das vereinfacht die nächsten Schritte ungemein. Denn nun hast du nicht nur die Möglichkeit, mit ihm in Kontakt zu treten. Vielmehr hast du nun schon den Grundstein gelegt, dich mit ihm zu arrangieren. Was dafür konkret zu tun ist, erfährst du in der folgenden Schritt-für-Schritt-Anleitung von Benedikt Salehi.

Und so geht's:

Schritt eins ist, dir erst einmal bewusst zu machen, dass es den inneren Kritiker überhaupt gibt. Das hast du ja bereits in der vorherigen Übung getan.

Schritt zwei ist dann, achtsam zu beobachten und in dich hineinzuhören, was du da den ganzen Tag oder auch in bestimmten Situationen in dich hineinbrabbelst oder denkst. Wenn du dir klargemacht hast: „Hoppla: Da meldet sich der innere Kritiker zu Wort", ist der nächste Schritt, Lieselotte oder Peter, oder wie eben dein innerer Kritiker heißt, einmal überhaupt Gehör zu schenken: „Was nörgelt er oder sie denn da überhaupt?" Was sagt die innere Stimme dir denn genau? Ein hilfreicher Tipp ist, das dann aufzuschreiben.

Hier findest du Platz für das Genörgel von deinem inneren Kritiker:

Das sagt mein innerer Kritiker:

Tipp: Die stärksten Waffen, um den inneren Kritiker für dich zu gewinnen, sind: ein wertiger Stift und ein Notiz- oder Tagebuch mit einem hübschen Einband, in dem du gerne deine Gedanken und Erkenntnisse festhältst. Es kann dein täglicher Begleiter werden. Das ist eigentlich alles, was du anfangs an Ausrüstung benötigst. Denn ab heute werden wir gemeinsam viele wirkungsvolle Übungen machen.

Außerdem kannst du darin schlaue Merksätze notieren, mit denen wir ab heute arbeiten werden. Ein guter Helfer kann dir auch das Workbook sein, das du auf meiner Website findest. *(www.christina-isabella-kaiser.de)*

Später kann auch ein metallisches Whiteboard hilfreich sein. Auf dem kannst du mit einem speziellen Filzstift schreiben. Du kannst aber auch Merkzettel, Kärtchen oder Fotos mit einem Magnet daraufpinnen.

Der nächste Schritt ist es, Peter oder Lieselotte zu fragen „Was möchtest du mir denn damit genau sagen?" Und: „Welche positive Absicht steckt dahinter?"

Dazu ist es gut zu wissen, dass im NLP die hilfreiche Annahme besteht, dass hinter jedem Tun eine positive Absicht steckt, die es aufzudecken und zu würdigen gilt.

Für unseren Fall angewendet heißt das: Auch der innere Kritiker möchte uns im Prinzip etwas Gutes tun. „Was er sagt, ist also vielmehr ein Geschenk an uns", so die hilfreiche Betrachtung von Benedikt Salehi. Dieses Geschenk kann so aussehen, dass der innere Kritiker uns vor etwas Unbedachtem bewahren möchte. Es kann auch sein, dass er uns in bestimmten Situationen schlichtweg schützen möchte, etwa wenn wir leichtsinnig agieren oder in blinden Aktionismus verfallen.

Ganz wichtig ist es, sich bewusst zu machen, dass die innere Stimme zu irgendeinem Zeitpunkt in unserem Leben einmal sehr zweckdienlich war.

Das können zum Beispiel Erlebnisse in der Kindheit gewesen sein. Lass mich dir ein Beispiel geben: Wenn Onkel Albert dem kleinen Fritz die Warnung „Das kannst du nicht" eingebläut hat, als er damals als kleiner Jungspund auf die höchsten Bäume klettern wollte, dann hatte der Satz seinerzeit eine berechtigte Schutzfunktion. Der Satz hat Fritz als Kind Orientierung und Halt gegeben.

Im Laufe der Zeit hat ihm der Satz in verschiedenen Situationen zunächst immer wieder geholfen. Aufgrund der ständigen Wiederholung in den unterschiedlichsten Lebenssituationen ist er dann irgendwann zu seiner prägenden „Wahrheit" geworden. Daraus resultiert der Automatismus des immer wiederkehrenden Gedankens „Das kannst du eh nicht!". „Das wiederum kann zu solch inneren Anteilen führen, die sich als sehr dominant entwickeln können", gibt Diplom-Psychologe Salehi zu bedenken.

Der Knackpunkt ist jedoch: Heute ist Fritz erwachsen. Und die Schutzfunktion ist längst überholt und gar nicht mehr relevant. Das musst du dir in solchen Fällen dann umgemünzt auf deine Situation bewusst machen. Du bist sozusagen aus der Schutzfunkton herausgewachsen wie aus einem Paar zu klein gewordener Kinderschuhe. Sollten Peter oder Lieselotte also wieder mit „Das kannst du nicht" anfangen, hast du jetzt einen ganz neuen Schlüssel in der Hand, nämlich die Möglichkeit zu sagen: „Danke, Peter, dass du mich darauf aufmerksam machst. Aber ich möchte bitte selber entscheiden, wie ich damit umgehe."

Daher ist es hilfreich, den Kritiker nicht als Nörgler oder Bremser zu betrachten, sondern vielmehr als eine Art Impulsgeber oder Ratgeber. „Ich darf mir anhören, was er sagt. Mit dem Gehörten darf ich dann entscheiden, welchen Weg ich gehe. Möchte ich ihm folgen – oder mich anders entscheiden", so der Tipp von Benedikt Salehi.

Letztendlich gilt es, dir bewusst zu machen: „Ich bin es, der das Steuer in der Hand hält und sagt, wo es lang geht – und nicht der Kritiker!"

· ·

Step by Step zum leichteren Merken: So söhnst du dich mit dem inneren Kritiker aus

Schritt eins:
Schenke dem Kritiker eine Gestalt und einen Namen, stelle die Verbindung zu ihm her.

Schritt zwei:
Mache dir die Situationen bewusst, in denen sich der innere Kritiker meldet. Schreibe das ruhig auf.

Schritt drei:
Höre genau hin: Was sagt die Stimme denn?

Schritt vier:
Frage ihn, welche positive Absicht er für dich verfolgt!

Schritt fünf:
Sieh den Kritiker als deinen persönlichen Ratgeber. Er will dir im Prinzip Gutes tun!

Schritt sechs:
Entscheide dich! Mach dir klar: Du bist derjenige, der das Steuer in der Hand hält!

. . . .

Aus der Praxis: Wie sich der innere Kritiker bemerkbar machen kann

Eines Nachts wachte ich schweißgebadet aus einem Traum auf. Normalerweise habe ich nie Albträume. Aber dieser war anders. Ich träumte, dass in mir eine grässliche Fratze wohnt. Sie sah aus wie eine Mischung aus einer Ziege und dem Krampus, den meine Oma an Weihnachten immer in dem Zimmer aufstellte, wo sie ihre Geschenke aufbewahrte. Du kannst dir einen Krampus wie eine Art Teufel vorstellen. Er ist eine furchteinflößende Kreatur, die in manchen Brauchtümern gemeinsam mit dem Nikolaus unterwegs ist und sich sozusagen um die

„harten Fälle" kümmert, die keine Geschenke bekommen, weil sie frech waren.

Als ich am Morgen aufwachte und mich an den Traum erinnerte, war ich zunächst ein wenig geschockt. Gute Güte, habe ich den Teufel in mir wohnen? Ich ging den Traum noch einmal gedanklich durch, um Antworten zu finden. Der Krampus aus meinem Traum hatte weder Augen noch Mund gehabt. Er war einfach nur da gewesen. Ich erinnerte mich, dass ich mit einer Art Rute, wie man sie vom Kasperletheater her kennt, versucht hatte, auf diesen Teufel einzuschlagen, um ihn zu verscheuchen. Aber selbst das war vergebens gewesen. Es war ein mulmiges Gefühl. Im Laufe des Tages vergaß ich den Traum, und in der nächsten Zeit arbeitete ich viel an meinen Artikeln, Büchern und neuen Coaching-Konzepten – und natürlich an meiner Persönlichkeitsentwicklung.

Als wir einige Wochen später in Italien am wunderschönen Lago di Garda ein paar Tage ausspannten, sollte ein anderer Traum Licht ins Dunkel bringen. Ich erkannte: Der Krampus aus meinem Traum war nichts anderes als ein Teil von mir – der innere Kritiker hatte sich mir höchstpersönlich von selbst gezeigt! Er hatte kein Gesicht und keinen Mund. Er hatte somit in meinem konkreten Fall keine Stimme. Dafür zeigte er sich in Gefühlen und Bildern – schließlich bin ich ein visueller und kinästhetischer Wahrnehmungs-Typ. Dennoch lässt er mich zweifeln – und je mehr ich über ihn nachdachte, desto mehr fand ich heraus, dass er es gewesen war, der mir in vielen wichtigen Situationen meines bisherigen Lebens einen Strich durch die Rechnung gemacht hatte. Da waren Beziehungen, die ich aus Angst nicht eingegangen war. Da waren verheißungsvolle Jobs am Anfang meiner Karriere, oder später in der Selbstständigkeit Abschlüsse mit Kunden, die ich in letzter Minute versemmelt hatte, aus Angst – ja, wovor eigentlich?

Ich forschte in meiner Vergangenheit und reiste in tiefer Meditation in meine Kindheit zurück. Was ich da sah, war ein kleines blondes Mädchen. Es hatte viele Wünsche und Träume. Jedes Mal, wenn es den Vater um etwas bat – er saß dann meist an seinem Schreibtisch im Arbeitszimmer und korrigierte die Hefte seiner Schüler – sagte er: „Ich überlege es mir!" Dieses Warten auf die Antwort war für das kleine Mädchen jedes Mal die Hölle. Würde es die Erlaubnis, bei der Freundin übernachten zu dürfen, oder das gepunktete Kleid oder worum es auch immer gerade ging, nun bekommen? Das Bangen, das Gewünschte nicht zu bekommen, war größer, je wichtiger oder sehnlicher der Wunsch war.

Was ich damals nicht wusste: Mein Vater hatte keineswegs die Absicht, mir irgendeinen Wunsch abzuschlagen. Ganz und gar nicht. Er war in jenen Momenten zum einen gerade in seine Arbeiten vertieft. Zum anderen war vermutlich seine Intention, jungen Menschen beizubringen, dass sie nicht alles immer sofort haben müssen, sondern vielmehr ein Gespür dafür bekommen, was ihnen wirklich am Herzen liegt und die Dinge dann auch wertschätzen. Und dafür bin ich ihm heute auch dankbar.

Dennoch war es damals die Angst vor einem „Nein", die mich als kleines Mädchen umtrieb. Die wurde mit jedem Mal stärker, sodass sich die kleine Christina irgendwann gar nicht mehr zu fragen traute. „Was ist, wenn es nicht klappt? Ich lass es lieber gleich bleiben", wurde eine Kernüberzeugung, die sich in verschiedensten Situationen mehr oder weniger stark ausprägte.

Und die zog sich wie ein roter Faden durch das ganze Leben, bis – ja, ich würde fast sagen, bis zu dem Tag, als ich den Krampus als das erkannte, was er ist: mein innerer Kritiker. Er versuchte sich immer vor großen Zielen einzuschalten und verhinderte sie durch irgendwelche komischen Dinge, die ich sagte oder tat. Er wollte aber im Prinzip nichts Böses. Seine positive Absicht war es, mich lediglich vor einem „Nein" oder einer Enttäuschung zu beschützen – wenngleich er das „Ja" dadurch in vielen Fällen sogar verhinderte. Aber ich erkannte: Das „Nein" habe ich schon. Ich kann nur ein „Ja" hinzugewinnen, aber auch nur dann, wenn ich danach frage oder mich darauf einlasse. Ein „Ja" kann das „Ja" eines Partners zu einer liebevollen Beziehung sein. Ein „Ja" kann der Erfolg sein, den man sich so sehnlich wünscht.

In tiefer Meditation dankte ich meinem Krampus, dass er mich immer vor einer Enttäuschung schützen wollte. Ich umarmte ihn und schloss mit ihm Frieden. Schließlich wäre ich ohne ihn nie zu der inneren Überzeugung gelangt: „Ich erlaube mir ein ‚Ja'!"

· ·

Radiergummi gegen innere Bilder

Den inneren Kritiker hast du nun bereits kennengelernt. Die Tipps von Benedikt Salehi haben dir aufgezeigt, wie du dich mit ihm aussöhnen kannst.

Ängste und Zweifel können sich aber in verschiedene Gewänder kleiden, wie du an meinem Praxisbeispiel mit dem Krampus sehen kannst. Sie können sich in Form von mulmigen Gefühlen bemerkbar machen. Oder sie gängeln dich mit wiederkehrenden inneren Bildern oder inneren Stimmen. Sie können auch ein Sammelsurium aus verschiedenen Wahrnehmungen sein, an die wir uns zu erinnern glauben. So kann etwa die Angst zu versagen schlichtweg eine Verschmelzung aus real erlebten Bildern, Stimmen und Gefühlen einer Referenzerfahrung sein. Die werfen wir in einen großen Topf – und lassen sie verallgemeinert als Stellvertreter für alle Situationen gelten, obwohl diese ja stets ganz andere Voraussetzungen haben und in ihrem eigenen Kontext zu betrachten sind.

Die gute Nachricht ist: Für jede Art von Ängsten und Zweifeln gibt es das passende Gegenmittel.

Wenn dich beispielsweise innere Bilder verfolgen, die dir Angst einjagen, gibt es ein paar Kniffe, die solche Gespenster effektiv vertreiben. Mir hat die Vorstellung eines überdimensionalen Radiergummis geholfen, ein mächtiges Bild „auszuradieren", das mir oft nächtelang den wohlverdienten Schlaf geraubt hat.

Bevor du dich daran machst, den Radiergummi gegen innere Bilder anzuwenden, habe ich noch eine Bitte: Solche Bilder kommen nicht zufällig in unseren Sinn. Es könnte also sein, dass sie dir etwas mit auf den Weg geben möchten. Dahinter könnte eine positive Absicht stecken – diese Annahme kennst du ja bereits von der Arbeit mit dem inneren Kritiker.

 **Übung**
Radiere unangenehme Bilder aus: So geht's:

Suche dir dafür ein ungestörtes Plätzchen, an dem du dich wohlfühlst und gut entspannen kannst.

Wenn es hilft, schließe dazu ruhig die Augen.

Atme ein paar Mal tief ein und aus.

Auch wenn es unangenehm ist: Hole dir das innere Bild jetzt auf einen imaginären Bildschirm vor deinem inneren Auge.

Kannst du es klar und deutlich erkennen? Das ist gut so.

Frage dich nun:
• Welche positive Absicht könnte sich hinter dem Bild verbergen?

- Wovor möchte es mich bewahren?
- Was möchte es mir für mein Leben mit auf den Weg geben?

Und wenn du fühlst, du möchtest das Bild jetzt loslassen, stelle dir vor, ein überdimensionaler Radiergummi fängt an, es einfach vom oberen Rand links oben bis zum unteren Rand rechts unten in der Ecke langsam auszuradieren. Überall dort, wo der Radierer gerubbelt hat, schwindet das Bild und wird heller und heller. Und dahinter blitzt die reine, weiße Leinwand hervor. Probier's mal aus!

. . . .

DAS GEHEIMNIS UM DAS RICHTIGE DENKEN

Als ich an jenem schönen Sommermorgen zum ersten Mal mit dem Gefühl unendlicher innerer Zufriedenheit und Angstfreiheit aufwachte, war das für mich zunächst ungewohnt. Wie schon eingangs beschrieben, durchkramte ich sämtliche Schubladen nach irgendwelchen Sorgen und Problemen. Was ich damals noch nicht wusste: Es ist für viele ganz normal, gespannt darauf zu warten, welche Dramen ihnen als Nächstes vom Leben serviert werden. Dafür gibt es eine Erklärung, die in unserer Evolution zu finden ist: Unsere Fokussierung auf mögliche Gefahren ist sozusagen ein Überbleibsel aus der Steinzeit, als unsere Vorfahren noch jeden Moment auf der Hut sein mussten, um nicht in der nächsten Sekunde auf dem Speiseplan eines hungrigen wilden Tieres zu landen. Was damals zum notwendigen Vorsprung verhalf, um das eigene Leben zu retten, ist heute natürlich längst überholt.

Ich gebe zu: In den Agententhrillern ist es superspannend, sich mit den Hauptdarstellern zu identifizieren. Es gibt einen gewissen Kick, mit ihnen gemeinsam den Bösewichten immer ein paar Schachzüge voraus und auf die nächste Bedrohung gedanklich bestens vorbereitet zu sein. Aber: Ich schätze mal, die meisten von uns sind weder hauptberuflich als Geheimagent tätig und müssen vor irgendwelchen Fieslingen auf der Hut sein, noch werden sie ein Dasein in der Wildnis fristen. Daher ist es für uns heute nicht überlebensnotwendig, auf vermeintliche Gefahren geeicht zu sein. Okay, mit Sicherheit ist es auch heute keine gute Empfehlung, die Business-Welt oder unseren Alltag völlig naiv und blauäugig durch die rosarote Brille zu betrachten. Aber dennoch ist es selbst hier besser, die Dinge mit einer gewissen positiven Erwartungshaltung anzugehen. Und da sind wir auch schon beim Punkt: Es geht um unsere Erwartungen, Grundeinstellungen und Kernüberzeugungen. Sie können extrem hilfreich sein und uns mit Leichtigkeit durchs Leben tragen. Aber: Sind sie noch im Steinzeitmodus, also auf mögliche Angriffe und Gefahren ausgerichtet, dann können sie uns in unserer Entwicklung auf massivste Art und Weise blockieren.

Die Krux an der Sache: Die Fokussierung auf negative Gedanken und Ängste kann heute einem erfolgreichen Leben und innerem Reichtum entgegenstehen.

Wie ist es mir aber dann damals gelungen, meinem Steinzeit-Hirn ein Schnippchen zu schlagen und es auf inneren Frieden, Glück und Erfolg zu trimmen? Die nicht so gute Nachricht: Bis dahin war es ein längerer Weg, und ich habe viel an mir und der Entwicklung meiner Persönlichkeit gearbeitet. Aber es hat vermutlich speziell bei mir so lange gedauert, weil ich die notwendigen Schritte dorthin einfach nicht kannte. Ich habe die einzelnen Puzzleteile mithilfe unzähliger Bücher und teurer Seminare mühselig zusammentragen. Die gute Nachricht: Ich habe sie ja für dich in diesem Buch festgehalten. Es kann also bei dir ganz schnell gehen, zu dem Gefühl von innerem Reichtum zu gelangen. Einer der wichtigsten Schritte auf meinem Weg dorthin war, meine eigenen Ängste aufzuspüren und mich weitgehend mit ihnen zu arrangieren. Und natürlich gehören dazu auch die hinderlichen inneren Überzeugungen. Sie bestimmen, was wir über uns und andere, aber auch über Situationen denken und vor allem glauben – daher nennt man sie im NLP-Fachjargon auch „Glaubenssätze". Was wir denken und was wir glauben, also für wahr halten, ist also einer der wertvollsten Schlüssel zu unserer inneren Reichtums-Schatzkiste.

Eine viel zitierte kluge Lebensweisheit besagt:

„Achte auf deine Gedanken,
denn sie werden deine Worte.
Achte auf deine Worte,
denn sie werden deine Handlungen.
Achte auf deine Handlungen,
denn sie werden deine Gewohnheiten.
Achte auf deine Gewohnheiten,
denn sie werden dein Charakter.
Achte auf deinen Charakter,
denn er wird dein Schicksal."

(QUELLE UNGEKLÄRT)

Sie trägt im Prinzip alles in sich, was wir wissen müssen.

Nehmen wir daher einmal deine innere Gedankenwelt unter die Lupe: Worum dreht sich dein inneres Überzeugungskarussell? Kreist es eifrig um Probleme, Sorgen und Ängste, darum, was alles den Bach hinuntergehen könnte?

Solltest du auch zu dem Schlag Menschen gehören, der durch die Überlebens-Überbleibsel aus der Steinzeit gezeichnet ist und stets mit Spannung die nächste böse Überraschung erwartet, die dir dein Lebensdrama bescheren möchte, dann hast du leider ein handfestes Problem! Denn, und das darfst du dir gleich schon mal

für später in deinem Notizheft festhalten:
Unsere Gedanken sind mächtige Architekten:
Sie konstruieren die Welt, die uns umgibt!

Oder um es mit Buddha zu sagen:

„ *Mit unseren Gedanken erschaffen wir die Welt!* "

Mach dir bitte einmal das Ausmaß bewusst und lass es
dir auf der Zunge zergehen:

Alles, was du denkst, wird Realität werden!

Was das heißt? Sehen wir es uns einmal genauer an. Jede
Sekunde denken wir eine wahrhafte Flut an Gedanken.
Das tun wir ganz bewusst. Und jetzt kommt's: Zum weitaus größeren, um nicht zu sagen mammutmäßig giganti-
scheren Teil, tun wir das auch unbewusst. Ich kann zum
Beispiel bewusst denken: „Ich greife jetzt zum Telefon-
hörer und verkaufe dem Kunden XY ein Abo für eine Zeitschrift". Just im selben Moment rattert aber in unbewussten Ebenen ein wahrhaftes Gedankenkarussell los. Um
Arbeitsprozesse zu erleichtern und dem Gehirn Energie
zu sparen, sind es meist automatisierte Denkmuster, die
dort ablaufen. Wir hinterfragen sie gar nicht. Wie auch,
denn wir nehmen sie ja meist nicht einmal wahr. Das
heißt: Ich kann bewusst denken: „He, ich bin ein Top-
verkäufer und mache jetzt Nägel mit Köpfen!" Aber auf

der unbewussten Ebene kann eine andere Denkweise gegensteuern. Die kann Zweifel hegen: „Was ist, wenn der Kunde nein sagt?" Oder sie bremst mit der Mahnung: „Mit nur einem Anruf Geld verdienen – so einfach kann es doch nicht sein!" Schon treffen wir wieder auf einen guten alten Bekannten, den inneren Kritiker. Allerdings wäre es unfair, ihm ganz alleine die Schuld für die Misere in die Schuhe zu schieben. Zugegeben: Er kann derjenige sein, der wiederkehrende Gedankenmuster, mit denen wir uns selbst im Weg stehen, aufgeschnappt hat. Erinnerst du dich noch? Er flüstert sie dir meist ins Ohr!

Aber es gibt auch vermeintlich „kluge" Sprichwörter wie „Für Geld muss man hart arbeiten", „Erfolg (oder Reichtum) muss man sich hart erkämpfen" oder „Man bekommt nichts geschenkt im Leben". Solche „Weisheiten" sind nichts anderes als verallgemeinerte, vorgefertigte Denkschemata. Sie wurden uns meist in der Kindheit von der Gesellschaft oder unserem engeren Umfeld aufgestempelt. Ohne sie je zu hinterfragen, haben wir sie einfach übernommen. Man könnte sagen, wir haben sie wie eine Instantsuppe ausgelöffelt, deren Zutatenliste wir nicht wirklich durchgelesen haben.

Sind diese Instantdenkweisen hilfreich, bringen sie uns im Leben weiter. Leider – und das ist die Krux an der Sache – gibt es auch solche, die sich sehr hinderlich auswirken können. Das sind im Prinzip die großen Gegenspieler im Leben. Sie können sich als die am härtesten zu knackenden Nüsse entpuppen, die unseren Weg hin zu innerem Reichtum versperren. Das Schlimme ist: Wir sind dafür auch noch mehr oder weniger selbst verantwortlich! Ob wir uns dessen im jeweiligen Moment bewusst sind oder nicht. Um es ganz überspitzt zu sagen: Wir schleppen jede Menge hinderlichen Gedankenmüll mit uns herum, der uns das Leben unnötig schwer macht!

Machen wir uns also einmal bewusst: Jedes Mal, wenn wir uns wieder einmal über Gott und die Welt aufregen und in uns reingrummeln: „Was ich auch anfange, immer läuft alles schief", bringen wir vereinfacht gesagt bestimmte Prozesse in Gang, die dazu führen, dass tatsächlich immer alles schiefgeht, was wir auch anfangen! Wenn wir der festen Überzeugung sind, uns alles hart erkämpfen zu müssen, dann wird uns nichts einfach so zufliegen. Wir müssen stets erst Mauern einreißen und bekommen sämtliche Hindernisse und Hürden vorgesetzt, die wir erst „bekämpfen" müssen, um das Angestrebte zu erreichen.

Wenn wir uns den lieben langen Tag mit dem Grübeln über Sorgen beschäftigen, bekommen wir die auch garantiert vom Leben serviert. Das Gute macht dann einen weiten Bogen um uns. Das Steinzeit-Hirn lässt grüßen.

Das Schlimme ist: Solche hinderlichen Instantdenkweisen und Barrieren können ein sehr verästeltes Wurzelwerk ausgebildet haben, das tief und fest in unser Unbewusstes eingewachsen ist. Dieses gilt es zu kappen.

Jetzt höre ich dich sagen: „Prima! Dann versuche ich es doch einfach mal mit positivem Denken!" Dazu kann ich nur sagen: Positives Denken ist prinzipiell ein erster Schritt in die richtige Richtung – wenn auch nur ein klitzekleiner. Denn damit allein ist es bei Weitem nicht getan. Wir müssen uns vielmehr bewusst entscheiden, unser Denken oder Mindset und damit verbunden auch unsere Gefühle, Worte und unser Handeln auf den Prüfstand zu stellen und komplett umzukrempeln.

Man liest dazu so oft:
„Mit der geballten Kraft unserer Gedanken können wir unser Leben komplett verändern! Wir müssen nur unsere Gedanken ändern!"

Prima, oder? Klingt doch im Prinzip auch ganz logisch. Der Knackpunkt an der Sache ist: Leider, leider geht das nicht so einfach, nur weil wir uns das mal eben vornehmen. Solche Denkmuster, die uns im Weg stehen, sind ja oft schon seit langer Zeit fest und tief in unserer inneren Gedankenmuster-Festplatte zementiert. Da gilt es schon, schwerere Geschütze aufzufahren. Es gibt nur einen Weg, der hilft: Wir müssen uns tief in das Kellergewölbe unseres Unbewussten vorarbeiten. Denn dort sind diese hinderlichen Denkmuster sozusagen archiviert und abgespeichert.

Vielleicht hilft es dir, dir vorzustellen, wie sie dort seelenruhig in vielen versperrten Truhen vor sich hinschlummern. Ihre schweren Deckel gilt es nun nach und nach anzuheben. Die gute Nachricht: In deinem Unbewussten findest du auch den Schlüssel, um die Truhen zu öffnen. Das bietet dir die Chance, einmal hineinzuspähen und den Inhalt zu erforschen. Und wenn er nicht mehr zu dir passt und dir womöglich im Weg steht, kannst du ihn mit der Zeit ausmisten.

Du wirst bald sehen: Je mehr du dein Unbewusstes erforschst und kennenlernst, desto mehr kann es dir zu einem wahren Freund und Helfer werden. Es ermöglicht dir, dein Denken nach und nach „umzukrempeln". Sind die hinderlichen Muster auf der unbewussten Ebene bereinigt, kannst du deine Gedanken immer mehr bewusst neu ausrichten.

Dann werden sich neue neuronale Schaltkreise bilden und die, die du ausgemistet hast, werden abgebaut. Eine Faustregel besagt, dass dieser Prozess 21 Tage, also drei Wochen in Anspruch nimmt.

Das heißt vereinfacht gesagt so viel wie: Wenn du weißt, wie, kannst du hinderliche Denkweisen „verlernen" und an deren Stelle für dich geeignetere hinzulernen. Auf die Art und Weise kannst du deinem Steinzeit-Hirn auf die Sprünge helfen – und es so trimmen, dass es dir zu einem Leben verhilft, nach dem du dich immer schon gesehnt hast. Damit gelangst du nicht nur zu dem Gefühl von innerem Reichtum – du kannst sogar die Welt, die dich umgibt, kreieren. Schließlich ist bewiesen, dass wir mithilfe unseres Geistes auf die materielle Welt einwirken können. Wir sind also tatsächlich befähigt, unser Leben selbst zu designen! Dann wird sich Reichtum auch in deiner äußeren Welt manifestieren – in der Form, in der das für dich wichtig ist. Denn Reichtum bedeutet ja, wie schon anfangs beschrieben, für jeden etwas anderes.

Stellt sich nur die Frage, wie wir das Ganze am besten anstellen. Dazu lohnt es sich, einen Part von uns genauer unter die Lupe zu nehmen, nämlich denjenigen, der oft als unbewusster Verstand betrachtet wird. Manche Autoren betiteln ihn als Unterbewusstsein, manche unterscheiden noch mal zwischen unterbewussten und unbewussten Ebenen. Um dich nicht allzu sehr zu verwirren, verwende ich der Einfachheit halber in der Regel nur die Begriffe Unbewusstes und unbewusster Verstand. Denn das eigentlich Wichtige für dich ist, dass es einen Unterschied zwischen Bewusstsein und Unbewusstem gibt.

. . . .

Bewusster versus unbewusster Verstand

Ist es nicht fantastisch, was unbewusst in uns so alles abläuft? Bestimmt hast du beim Yoga oder Meditieren schon einmal bewusst ein- und ausgeatmet. Aber mal abgesehen davon atmest du ganz automatisch. Letzteres gilt gleichermaßen für das Schlagen deines Herzens. Auch dein Blut zirkuliert von alleine, und auch deine Verdauung funktioniert glücklicherweise per Autopilot. All diese Aufgaben laufen ganz ohne dein Zutun ab. Und das ist auch gut so. Denn: Stell dir einmal vor, wir müssten uns bewusst darum kümmern, dass unser Herz schlägt. Wir wären damit maßlos überfordert. Oder hast du schon einmal versucht, bewusst zu verdauen? Es ist also schon mal eine gigantische Leistung, was auf unseren unbewussten Ebenen sozusagen per Autopilot gemanagt wird. Aber das ist noch nicht alles.

Das, was als Unbewusstes bezeichnet wird, ist überdies wesentlich schlauer als unser bewusster Verstand. Oft wird die Regel zitiert, dass wir uns bewusst nur gut sieben Dinge auf einmal merken können – es können auch zwei mehr oder weniger sein.

Im Vergleich dazu hat unser Unbewusstes ein weitaus größeres, um nicht zu sagen gigantischeres Potential. Manche sagen, das Unbewusste ist für den Mammutanteil von 95 Prozent unseres Agierens zuständig, andere schreiben dem Unbewussten sogar sage und schreibe 99,9 Prozent Arbeitskapazität zu. Welche Zahl du auch zur Hand nehmen magst, das Entscheidende ist: Die Kluft zwischen dem, was bewusst und unbewusst passiert, ist exorbitant groß!

Ganz oft wird das mit der Metapher eines Eisbergs beschrieben: Stelle dir vor, ein Eisberg schwimmt im Wasser. Das, was oben aus dem Wasser herausschaut, kann bildhaft für deine bewussten Wahrnehmungen und Gedanken stehen. Hier zeigt sich aber nur ein kleiner Anteil. Der Löwenanteil ist unsichtbar unter der Oberfläche. Er kann für die unbewussten Anteile stehen. So ähnlich kannst du dir die Verteilung zwischen bewusst und unbewusst vorstellen.

Um bei diesem Bild zu bleiben: In das ins Wasser ragende Eis sind also quasi die vielen Schatztruhen eingefroren, in denen deine Überzeugungen und Glaubenssätze vor sich hinschlummern. Es wird Zeit, sie aus dem ewigen Eis an die Oberfläche zu holen und endlich aufzutauen!

Doch wie, verflixt noch mal, konnten sie dort überhaupt hingelangen? Die Antwort finden wir, wenn wir uns unseren unbewussten Verstand einmal genauer ansehen.

· ·

Wie sich Gedankenmüll ansammeln konnte

Ganz einfach: Als winziger Neuankömmling auf diesem schönen Planeten ist das Unbewusste noch gänzlich unbeschrieben wie ein weißes Blatt. Das kleine süße Baby – nennen wir es für unser Beispiel einmal Emma – wird mit der Zeit größer und entwickelt sich. Es probiert alles aus. In ihrer Kindheit ist Emma lernbegierig. Sie möchte erkunden, wie ihre Welt funktioniert. Die Erfahrungen, die sie macht, saugt sie auf wie ein Schwamm. Vor allem solche, die sie im Umgang mit ihren engsten Bezugspersonen macht. Ganz klar, sie ist ja neugierig und will sich entfalten. Da sind Emmas Eltern, die ja eigentlich immer das Beste für sie wollen. Aber oft setzen sie damit ungewollte Grenzen. „Sei immer schön artig und bescheiden", pflegen sie stets zu mahnen, „dann wirst du auch von allen geliebt."

Genauso die Großeltern und die lieben Geschwister. Später im Kindergartenalter kommt noch die nette Kindergärtnerin mit ihren Weisungen hinzu. Mit ihr die kleinen Spielgefährten, die manchmal gar nicht so nette Dinge sagen wie „Du kannst ja nix!" oder „Du bist aber blöd!". Aber Emma bleibt immer schön artig und wehrt sich nicht. Schließlich will sie eines: von allen geliebt werden! Das durchzieht später auch die Schulzeit wie ein roter Faden. Der naseweise Angeber und Besserwisser Hanspeter bringt eine Eins nach der anderen nach Hause. Er fühlt sich unbesiegbar toll und gängelt alle. Auch unsere kleine, schüchterne Emma, die sich im Unterricht nie traut, sich zu melden, wenn sie eine Frage hat. „Du kapierst ja wirklich gar nichts. Du bist zu dumm zum Lernen", gibt der überhebliche Hanspeter an. Und Emma glaubt ihm das. Sie ist ja immer schön artig und bescheiden und hinterfragt andere nicht. Emma glaubt nun tatsächlich, es sei ihre Realität, zu dumm zum Lernen zu sein. „Ich bin zu dumm zum Lernen, das hat ja der schlaue Hanspeter gesagt. Und der weiß schließlich alles", redet sich Emma selbst ein. Und schwuppdiwupp ist es passiert: Bei Emma haben sich ein paar äußerst hinderliche Glaubenssätze eingenistet. Das Schlimme ist: Mit jeder schlechten Note zementiert sich der Satz „Ich bin zu dumm zum Lernen" immer fester ein. Merkst du was? Das hat mit der „echten" Realität null Komma nix zu tun! Es ist lediglich Emmas innere Realität. Die Kernüberzeugung ist aber nun leider im Gedankenportfolio der armen kleinen Emma verankert, die sich damit das Lernen selber unnötig schwer macht.

Die Hüter der hinderlichen Gedanken

Es kommt, wie es kommen muss: Ein weiterer innerer Bewohner hat sich bei der kleinen Emma eingeschlichen. Nun sorgt er stets dafür, den unglücklichen Glaubenssatz bei jeder sich bietenden Gelegenheit unter Beweis zu stellen. Er ist eine Art innerer Kameramann. Eifrig hält er seine Kamera dorthin, filmt und dokumentiert alles, was um uns herum geschieht. Er sucht Beweismaterial und Bestätigungen in der Außenwelt, dass das, was wir denken und als unsere Realität betrachten, tatsächlich richtig ist.

Du kannst dir das wie eine ausgeklügelte Funktion in unserem Gehirn vorstellen. Von der schier unendlichen Flut an Informationen und Reizen, die Sekunde für Sekunde auf uns einströmen, möchte es die für uns relevanten und wichtigen herausfischen. Auf sie sollen wir uns vornehmlich konzentrieren. Daher sorgt eine gewisse Zellgruppe in unserem Gehirn, deren Arbeitsweise du dir wie eine raffinierte Filteranlage vorstellen kannst, dafür, dass genau sie die Auserwählten sind, die in unsere Aufmerksamkeit gelangen dürfen. Diese Vorselektion ist wichtig, andernfalls würden uns all die Millionen Reize und Daten total überfordern.

Bestimmt hast du das auch schon erlebt: Wenn du Klamotten in Leoparden-Optik cool findest, begegnest du auf einmal gefühlt an jeder Ecke Leuten, die in einem Outfit mit Leoparden-Look daherkommen. Dein Kameramann hält seine Kamera dorthin. Er möchte dir zeigen: „He, sieh mal! Der Leo-Look ist absolut in!"

Das Problem ist aber – und hier liegt der Hund begraben: Der Kameramann ist leider nicht objektiv. Er filmt und dokumentiert nämlich nur das, was unseren inneren Überzeugungen entspricht. Somit hält er seine Kamera vornehmlich auf Geschehnisse, die wir bereits als unsere innere Realität betrachten. Nur solche Storys lässt er uns bewusst wahrnehmen. Den ganzen Rest, dass es zum Beispiel auch tolle Mode mit Blumenmuster gibt, blendet er komplett aus. Schließlich will er dem Gehirn Energie sparen und beweisen, dass das, was wir denken, tatsächlich der Realität entspricht. Was aber ist Realität? Das, was wir denken? Das, was andere denken? Die Antwort ist irgendwo dazwischen zu finden. Denn jeder sieht das, was er für wahr hält, durch seine ganz individuell eingefärbte Kameraeinstellung. Dadurch entsteht sein Bild von sich und der Welt. Die Chance besteht nun darin, neue Perspektiven und Blickwinkel auf die Welt und die Realität zu erlauben.

Dazu ist es aber wichtig zu wissen: Das ist leider nicht so einfach möglich, nur weil wir uns das eben mal bewusst vornehmen. Denn die Krux an der Sache ist: Es gibt noch einen Kollegen vom Kameramann, die beiden arbeiten sozusagen Hand in Hand. Wenn es dir hilft, kannst du ihn dir als eine Art Torwächter oder Hüter vorstellen. Er steht breitbeinig mit verschränkten Armen auf der Türschwelle zu deinem Unbewussten. Dort hat er ein Auge darauf, dass nur solche Informationen Einlass gewährt bekommen, die schon zu jenen passen, die in deinen im Eis eingefrorenen Truhen lagern, sprich: zu deinen Überzeugungen und Glaubenssätzen. Darin kann er sie leichter zuordnen und einsortieren.

Man könnte sagen, dieser Schutzmechanismus in uns arbeitet nach dem Prinzip „Never change a running system". Neues und Unbekanntes wird daher erst einmal abgewiesen. Allerdings fallen auch diesem Hüter ab und an die Augen zu und er döst ein. Das passiert vor allem dann, wenn du kurz vor dem Einschlafen und kurz nach dem Aufwachen in einer Art meditativem Zustand bist. Diesen Moment können wir nutzen, um uns zu deinen im Eis eingefrorenen Truhen mit den Glaubenssätzen zu schleichen, die alten nach und nach auszumisten und neue einzusortieren. Wie du es schaffst, den Hüter deiner Gedanken abzulenken, das sehen wir uns später noch genauer an.

Aber so viel schon einmal vorab: Haben es die neuen Denkweisen geschafft, am Hüter vorbei in dein Unbewusstes zu gelangen, kann der Kameramann zu deinem besten Freund und Helfer werden!

Denn: Hat er einmal von den neuen Überzeugungen Wind bekommen, tun sich ganz neue Chancen auf. Der Kameramann hat plötzlich neue Regieanweisungen bekommen. Von dem Moment an sucht er Dokumentationsmaterial für dich, das beweist, dass deine neue Denkweise richtig ist! Er präsentiert dir dann nur noch Informationen, von denen er denkt, dass sie ab jetzt für dich wichtig sind. Dadurch eröffnet sich die Möglichkeit, deiner Lebens-Story einen völlig neuen Verlauf in Richtung deiner Träume und Ziele zu geben.

Und glaube mir: Ausreichend Doku-Material wird er finden! Das Tolle ist: Nun ziehen das Bewusste und das Unbewusste am selben Ende des Taus. Was passiert? Es gibt keinen mehr, der am entgegengesetzten Ende zieht, und deine alten Überzeugungen fallen buchstäblich um. Jetzt bist du frei für Neues – von den tiefsten Ebenen deines Seins an.

Kommen wir aber noch kurz zurück zu unserer kleinen Emma und sehen uns an, wie es ihr ergangen ist. Die Arme ist nun mittlerweile fest davon überzeugt, zu dumm zum Lernen zu sein. Ihr Kameramann sucht Dokumentationsmaterial, und siehe da: Er wird fündig! Emma bringt schlechte Noten nach Hause. Aha! Mit jeder schlechten Note wird der Glaubenssatz fester und fester zementiert. Schließlich hat der Kameramann ein gutes Händchen, wenn es darum geht, Dokumentationsmaterial zu sammeln. Das ist schließlich sein Job. Bald wird jede Prüfung zur Zitterpartie. Lernschwierigkeiten sind programmiert. Die fünfte Klasse am Gymnasium wird schon zur unüberwindbaren Hürde. Latein und Co. werden regelrecht zur Qual. Und ehe sich's Klein-Emma versieht, hat sie die Schulkarriere samt Abschluss und folgender Berufskarriere versemmelt.

Das alles wäre nicht passiert, wenn sich Emma gegen Hanspeter gewehrt hätte. Kein einziges Wort hätte sie ihm glauben dürfen. Doch wie soll jemand, dem immer eingetrichtert wurde, brav und artig zu sein und bloß nicht zu widersprechen, den Mut aufbringen, sich gegen den klugscheißenden Hanspeter zu wehren?

Und Hand aufs Herz: Wie sieht es bei dir aus? Welche „aufbauenden Sprüche" trägst du aus deiner Schulzeit noch als prägendes Denkmuster mit dir herum? Was haben dir deine Eltern eingebläut und mit auf den Lebensweg gegeben? Ich hoffe, nur Gutes! Dass du ein Gewinn für sie bist! Dass du der Sonnenschein in ihrem Leben bist! Dass du der oder die Klügste und Schönste bist! Dass du immer erreichen kannst, was du dir vornimmst, und dir alles mit Leichtigkeit zufliegt! Das wünsche ich dir zumindest von ganzem Herzen. Dann hast du schon mal förderliche Denkweisen mit auf den Weg bekommen und dein Kameramann wird sich leichttun, geeignetes Doku-Material zu finden.

Das ist wunderbar. Denn, wir erinnern uns an Buddhas Worte:

„Mit unseren Gedanken erschaffen wir die Welt."

Doch was machen wir nun mit all den Denk- und Verhaltensautomatismen, die uns daran hindern, das Leben zu führen, nach dem wir uns sehnen?

Henry Ford soll einmal gesagt haben:

„Ob du denkst, du kannst es, oder du kannst es nicht: Du wirst in jedem Fall recht behalten."

Wie recht er damit hat! Aber wie gelangen wir nun zu der felsenfesten Überzeugung, „es" zu können – um was auch immer es sich in deinem persönlichen Fall handelt? Ganz einfach: Wir müssen die Überzeugung, es nicht zu können, abtrainieren. Dazu gilt es, die hinderlichen Glaubenssätze aufzuspüren, aufzulösen und durch neue, zielführende zu ersetzen. Das hört sich im Prinzip easy an, ist aber ein längerer, Zeit und Beharrlichkeit in Anspruch nehmender Prozess. Aber: Wenn man weiß, wie, ist es durchaus machbar.

Was ich für mich festgestellt habe: Eine Detox-Kur für Körper und Geist bietet sich ganz wunderbar als Vorbereitung an, um ganz viel an Veränderung anzustoßen und am Ende deine im Eisberg festgefrorenen Glaubenssätze zum Schmelzen zu bringen. Das Tolle daran ist: Sie verhilft dir nicht nur, nach und nach deine hinderlichen Kernüberzeugungen aufzuspüren und zu knacken – du kannst bereits sämtliche Lebensbereiche auf dein neues Lebensgefühl in innerer Harmonie einstimmen! Sie ist in meiner Welt sozusagen ein ganzheitlicher Rundum-Schlag auf allen Ebenen, da Körper und Geist samt deiner Umgebung in Einklang gebracht werden. Ein weiterer Pluspunkt ist: Sie hilft dir dabei, dass du am Ende samt deinen belastenden Gewohnheiten auch deine Glaubenssätze einfacher loslassen kannst.

Du bist neugierig? Dann möchte ich dich gar nicht länger auf die Folter spannen. Lass uns loslegen, ich zeige dir ein paar Tipps zum Loslassen und Entgiften.

. . . .

LOSLASSEN AUF ALLEN EBENEN: DIE DETOX-KUR FÜR KÖRPER UND GEIST

Liebst du auch das kribbelnde Gefühl, wenn sich der Frühling langsam anmeldet? Die ersten bunten Knospen blinzeln den sanften Sonnenstrahlen aus dem Schlammgrün des winterlichen Bodens entgegen. Überall hört man die Vögel zart zwitschern. In der Luft liegt der Duft von auflebender Natur. Ich habe dann immer das Gefühl, dass tausend Schmetterlinge in meinem Bauch umherflattern. Alles fühlt sich luftig-leicht an und ich bin froh, den Muff des Winters endlich hinter mir zu lassen. Ich kann vor lauter Vorfreude gar nicht mehr erwarten, dass die warme, schöne Zeit nun endlich kommt.

Dieses beflügelnde Gefühl kann den nötigen Antrieb geben, etwas ins Rollen zu bringen, um überflüssige Pfunde nachhaltig loszulassen. Denn gerade, wenn wir im Winter in wohlig-warme Kleidung eingekuschelt waren, merken wir gar nicht, dass die paar Gläschen samtiger Rotwein und die wärmenden Speisen sich in Form von kleineren Pölsterchen an die Problemzonen geschmiegt haben. Aber der Wunsch, in Bikini oder heißen Badeshorts eine Bella Figura am Strand zu machen, kann eine hervorragende Motivation sein. Allerdings lasse ich persönlich generell die Finger von Diäten. Was ich für mich festgestellt habe: Das beste Rezept, um sich rundum in seinem Körper wohlzufühlen, besteht meiner Erfahrung nach aus zwei Hauptzutaten: Die eine ist es, die Essgewohnheiten auf Dauer umzustellen. Die zweite Zutat des Geheimrezeptes lautet: Regelmäßig Sport treiben und Bewegung in den Alltag einbauen. Du wirst sehen: Letztendlich purzeln die Pfunde von ganz alleine, wenn du ein paar einfach umzusetzende Detox-Tipps beherzigst und in deinen Lifestyle integrierst.

DETOX-TIPP NUMERO EINS:
FINDE DAS ESSEN, DAS ZU DIR PASST!

Was Zutat Numero eins anbelangt: Hierfür gilt es vor allem, das Essen zu finden, das ganz individuell zu dir passt! Viele schwören darauf, sich vegetarisch oder vegan zu ernähren, schon allein aus ethischen Gründen. Wieder andere finden Paleo gut. Und manch einer isst als Flexitarier ganz einfach mal so, mal so. Das kann man alles machen. Es gibt so viele Möglichkeiten – und jeder ist der festen Überzeugung, das eine oder andere wäre die einzig richtige Lösung. Dabei brauchen manche ganz einfach Fleisch, andere kommen prima ohne aus.

Was gut zu wissen ist: Die Deutsche Gesellschaft für Ernährung (DGE) empfiehlt es zum Beispiel für Schwangere, Stillende, Kinder und Jugendliche nicht, sich vegan zu ernähren.[1] Wenn du das trotzdem tun möchtest, nimm bitte die Hilfe eines Profis in Anspruch und lass dich zusätzlich ärztlich in puncto Nährstoffe checken.

. . . .

Nutze die Pflanzen-Power

Auf der anderen Seite ist es natürlich gar keine Frage: Obst und Gemüse sind die Power- und Vitaminlieferanten schlechthin, die dich rundum wohlfühlen und von innen heraus strahlen lassen. Die meisten Kandidaten unter ihnen sind basenbildend und schützen dich im wahrsten Sinne des Wortes davor, „sauer zu werden". Das kann passieren, wenn du übermäßig viele säurebildende Lebensmittel in dich hineinfutterst. Dazu zählen etwa Milchprodukte, Käse, Fleisch und Wurst, aber auch Zucker, Nahrungsmittel aus Weißmehl und Fastfood. Daher sind Obst und Gemüse gern gesehene Gäste auf deinem Teller. Geschmack hat übrigens nichts mit Wirkung zu tun. So zählt etwa die Zitrone zu den basischsten Früchtchen, auch wenn man sie der Geschmackslogik nach eher als sauer einstufen würde.

. . . .

Frisch, regional und saisonal

Ob nun pure Gemüsepower oder im Team mit Fisch oder Fleisch: Sorge dafür, dass Frisches auf den Teller kommt. Für die nötige Abwechslung sorgst du ganz automatisch, wenn du saisonale und am besten regionale Gemüsesorten vom Bauern oder Hofladen in deiner Nähe in den Speiseplan einbaust. Sie passen ja auch zur Jahreszeit und bringen jeweils eine andere Wirkung mit. So aktiviert etwa ein knallig orange leuchtendes Kürbissüppchen dein Immunsystem an kühlen Herbsttagen, während Spargel, Bärlauch und Co. dir im Frühjahr zu einem federleichten Gefühl verhelfen. Ein hilfreicher Tipp ist es, einen Saisonkalender in der Küche aufzuhängen. Und frag dich selber mal, ob es denn das ganze Jahr über immer Tomaten sein müssen, und ob es nicht besser ist, sie wären in Deutschland, wenn nicht sogar in deinem eigenen Garten gewachsen? Ich habe das letzten Sommer ausprobiert, und ich kann nur sagen: Allein der Geschmack war echt kaum zu toppen.

. . . .

Heilendes Wasser

„Stille Wasser sind tief" besagt ein Sprichwort. Im wahrsten Sinne des Wortes hat es stilles Wasser auch in sich. Denn es hat eine tiefergreifende Wirkung: Es hilft dir nicht nur beim Entgiften, indem es wie eine Art Müllabfuhr dafür sorgt, dass Stoffwechselüberbleibsel entsorgt werden. Es unterstützt dich außerdem beim Loslass-Prozess. Schließlich arbeiten wir später noch mit allerlei Übungen, mithilfe derer wir auf der Zellebene alte Muster loslassen und neu überschreiben. Daher gilt: Immer ausreichend gutes Wasser trinken! „Die Faustformel besagt: Pro Kilogramm Körpergewicht sind 30 bis 50 Milliliter ein super Richtwert", erläutert Wohlfühltrainerin und Diplom-Ernährungs- und Diättherapeutin Sonja Dorsch. So sollte eine Frau, die 60 Kilo wiegt, gut drei Liter am Tag trinken. Wer Sport treibt, darf einen Liter pro Stunde mehr einrechnen. Wohlgemerkt: Es geht um Wasser. Kaffee, Cola oder ähnliche Getränke dürfen also nicht hinzugerechnet werden. Zum einen sind sie nicht basenbildend – übrigens auch kohlensäurehaltiges Wasser nicht. Zum anderen wirkt Koffein entwässernd und puscht die Stresshormone unnötig in die Höhe.

Tipp: Wenn du vor dem Essen deinen Durst mit einem Glas Wasser stillst, hast du automatisch weniger Hunger. „Ein weiterer Pluspunkt ist: Wasser gilt als Transportmittel der Nährstoffe in die Zellen", erklärt die Wohlfühltrainerin.

. . . .

Folge deinem Sättigungsgefühl

Kannst du auch ein Lied singen von gut gemeinten Aufforderungen wie „Ach, nimm doch noch ein zweites Stück Kuchen" oder „Mach doch du den Topf leer!"? Das ist von den Gesagten bestimmt keine böse Absicht. Aber: Wir müssen selbst in uns hineinhören und -fühlen. Dann spüren wir am besten, wann der Sättigungspunkt erreicht ist.

Der Tipp von der Wohlfühltrainerin: Halte deine Essgewohnheiten einmal für ungefähr zwei Wochen in einem Ernährungstagebuch fest. Es geht hier ganz und gar nicht um das Thema Kalorienzählen. Vielmehr soll dir diese Übung ein Gefühl dafür verleihen, welche Nahrungsmittel dir in welcher Menge guttun – und welche eben nicht.

Und so geht's:
Notiere dir dazu einfach, was den lieben langen Tag über auf deinen Teller gewandert ist und was du getrunken hast. Wichtig ist, dir dazuzuschreiben, wie du dich an dem jeweiligen Tag gefühlt hast. „Auf die Art und Weise bekommst du ein super Gefühl für deinen Körper und was er braucht – oder eben nicht", empfiehlt Sonja Dorsch.

Mein persönlicher Trick:
Frage dich jeweils: Was ist mir wichtiger – der Geschmack des letzten Stückchens Pizza oder des weiteren Gläschens Rotweins, der deine Geschmacksnerven nur einen kurzen Augenblick umgarnt, oder das zufriedene Wohlgefühl beim Anblick deiner Figur im Spiegel, die du dir im Gegenzug für lange Zeit erhältst? Worauf bist du also eher bereit zu verzichten? Und frage dich, bevor du zum

genussvollen Bissen ansetzt: Wie wirst du dich fühlen, nachdem du das Stück Pizza noch reingefuttert hast, obwohl du ja schon satt bist? Versuch es mal. Dieser Kniff kann dir dabei helfen, die Entscheidung zu erleichtern!

Lass dir außerdem Zeit beim Essen. Runterschlingen ist eher kontraproduktiv. Entschleunige und genieße bewusst. Denn wie heißt es so schön: „Gut gekaut ist halb verdaut". „Wir sollten es uns immer wieder bewusst machen, dass die Verdauung bereits im Mund beginnt", erläutert Wohlfühltrainerin Sonja.

Sie hat einen weiteren Loslass-Tipp parat: „In der Leber werden viele Emotionen gespeichert", erklärt sie. Daher empfiehlt sie, regelmäßig eine Leber- und Gallenblasenreinigung durchzuführen. „Damit lässt sich körperlich wunderbar ausmisten!"

· ·

DETOX-TIPP NUMERO ZWEI: SCHLAF DICH GESUND UND SCHÖN

Was den Loslass-Effekt außerdem begünstigt: Gönn dir eine ausreichende Mütze voll Schlaf! Er hilft uns, unser Immunsystem zu stärken. Außerdem unterstützt er uns dabei, unser Gedanken-Wirrwarr nach den unzähligen Eindrücken des Tages wieder zu ordnen. Genauso sorgt wohliges Schlummern dafür, dass wir auf Wohlfühlkurs bleiben und sich Geist und Körper regenerieren können. Oft werden sieben bis acht Stunden als Richtwert genannt. Das hängt aber immer vom persönlichen Schlafbedürfnis ab.

Meine Favoriten, die dir zu wohligem Schlummern verhelfen:

Hält dich dein Computer wach? Versetze PC, Smartphone, Fernseher und Co. dauerhaft oder gegen frühen Abend vorsichtshalber in den Nachtmodus. Den erhöhten blauen Lichtanteilen dieser Displaybeleuchtungen wird nachgesagt, Auswirkungen auf gutes Ein- und Durchschlafen zu haben. Beim Nachtmodus wird dieser Anteil reduziert.

Ein Tröpfchen ätherisches Lavendel- oder Fichtennadel-Öl auf dem Kopfkissen sorgt für Entspannung und zugleich wohligen Duft im Schlafgemach.

Lass die Kraft der Farben walten: Die Farbe Blau hat eine entspannende und beruhigende Wirkung. Wer ängstlich ist oder unter Schlafproblemen leidet, kann sein Schlafgemach mit einer in Blautönen gehaltenen Wandgestaltung zu einer wohligen Schlummeroase verwandeln. Violett werden meditative Anklänge nachgesagt, was uns zu einem super-entspannten Zustand verhelfen kann. Wer ein Stück weit Natur einziehen lassen möchte: Grüntöne ergeben ein Traumpaar mit Holz. Dadurch lässt sich nicht nur in optischer Hinsicht ein Wohlfühlambiente zaubern. Schließlich bringt das Naturprodukt Holz an sich eine wohltuende, gesundheitsfördernde und beruhigende Wirkung mit sich.

Von knalligen Tönen wie Gelb, Rot oder Orange sollte man im Schlafbereich besser die Finger lassen – ihre anregende Wirkung ist besser im Homeoffice oder in deiner kreativen Ecke aufgehoben.

Meditiere vor dem Einschlafen (diesem spannenden Thema werden wir uns noch ausführlicher widmen).

Der Notfallschalter, wenn gar nichts läuft und dir Grübeleien stundenlang den ersehnten Schlaf rauben, ist die Trance-Induktion. Wie du das genau anstellst, zeige ich dir Schritt für Schritt auf meiner Website *www.christina-isabella-kaiser.de.*

DETOX-TIPP NUMERO DREI:
FINDE DEN SPORT, DER ZU DIR PASST

„Ein gesunder Geist möchte auch in einem gesunden Körper wohnen", so in der Art könnte man ein viel zitiertes schlaues Sprichwort aus dem Lateinischen übersetzen. Sport – oder sagen wir einmal: Bewegung – ist daher ein wichtiger Baustein der Entgiftungskur für Körper und Geist. Denn das hält nicht nur deinen Body in Form, sondern ist zugleich Balsam für die Seele. Obendrein gilt Sport als wahrer Stresskiller.

Dabei gibt es auch in puncto Sport ein Geheimrezept. Ich verrate es dir gerne jetzt und hier: Für jeden gibt es den individuell zugeschnittenen Sport, der ihn dauerhaft schlank oder auf seinem individuellen Wohlfühlkurs hält – und das auf ganz spielerische Art und Weise.

Bei mir persönlich ist es zum Beispiel so, dass ich noch nie (!) in einem Fitnessstudio war. Was mich antreibt, ist die pure Freude an der Bewegung. Am besten kann ich umgeben von satter Natur zu mir finden. Das ist meditativ und macht gute Laune. Aus dem Grund gehe ich mindestens ein Mal am Tag ins Freie. Selbst bei miesestem Wetter, Guss-Regen oder Minusgraden schnüre ich die Schuhe. Dann wird es halt nur eine kleine Runde mit den Gummistiefeln. Aber eine Sport- oder zumindest Bewegungseinheit in Form eines Spaziergangs am Tag ist in meiner Welt ein Muss.

Sorge also dafür, so oft es geht draußen frische Luft zu schnappen. Selbst wenn es nur ein kleiner Spaziergang in der Mittagspause ist, tut das gut. Wohltuendes Sonnenlicht kurbelt deine Vitamin-D-Produktion und zugleich deine Glückshormone an!

Wenn du ein Ausdauersport-Fan bist wie ich, sollte es an und für sich kein Problem darstellen, in die Natur zu gehen. Liebst du vielleicht ausgedehnte Radtouren durch charmante Landschaften und malerische Ortschaften?

Oder schnürst du gern die Lauf- oder Wanderschuhe? Das ist wunderbar und meditativ. Aber es gibt so endlos viele Möglichkeiten. Schwingst du gerne das Tanzbein? Dann hast du schon einmal gute Chancen, nicht an Demenz zu erkranken. Oder bist du beim Schwimmen oder sämtlichen Wassersportarten wie Stand-up-Paddling deinem Element? Als super Stresskiller gilt außerdem das Yoga, das selbst Depressionen und Burnout den Kampf ansagen kann – auf sanfte Art und Weise, versteht sich.

Wenn du den Königsweg gehen möchtest, ist es gut, den Dreiklang des Krafttrainings, sprich Muskelaufbau, Ausdauersport und Entspannung, zu vereinen. Denn: Unsere Muskeln geben unserem passiven Bewegungsapparat aus Skelettsystem, Bändern und Sehnen den nötigen Halt. Werden sie trainiert, lassen sich zum Beispiel Rückenschmerzen vermeiden und du kannst dir deine Mobilität dein Leben lang beibehalten.[2] Muckis aufzubauen und zu erhalten darf also nicht vergessen werden.

Ebenso dürfen ruhig ein bisschen Yoga oder Wellness wie Sauna, Massagen, Floating und Co. in den Alltag einziehen und dein Stress-Level mindern.

Solltest du dein Konzept zum Wohlfühlen noch nicht gefunden haben: Lass dir von einem Fachmann am besten deinen individuellen Plan erstellen und erkundige dich bitte bei deinem Arzt, was für dich geeignet ist, bevor du mit dem Sportprogramm loslegst.

Ein wichtiger Faktor, der zu dauerhaftem Erfolg und einer nachhaltigen Wohlfühlfigur führt, ist in meiner Welt vor allem, dass du die Sportarten gerne machst und nicht als Zwang oder gar Muss betrachtest. Das kannst du austesten, indem du einmal in die angedachten Sportarten hineinschnupperst. Auf die Art und Weise habe ich für meinen Teil das Wellenreiten als ideale Sportart und Figur-Wunderwaffe entdeckt. Es ist nicht nur ein energiegeladenes Mega-Glücksgefühl, wenn die Welle anrauscht, dich zum Take-off mitnimmt und du sie in Richtung Beach abreitest. Das Tolle ist vor allem: Du vergisst in den Wellen vollkommen die Zeit und dass du überhaupt Sport machst. Du kannst also Schlemmen ohne Verzicht und kommst mit einer Top-Figur aus dem Surf-Urlaub zurück. Und ich meine: Das ist das Geheimrezept für den richtigen Sport, der dir auf Dauer eine Wohlfühlfigur bescheren kann. Abrackern und durchquälen, das bringt nichts als Frust und schlechte Laune. Bei welchem Sport fühlst du dich rundum pudelwohl und vergisst ganz die Zeit? Ich möchte sagen: Das ist genau deine Sportart!

· ·

DETOX-TIPP NUMERO VIER: GESELLSCHAFTLICHES ENTGIFTEN

Es ist wunderbar, von vielen Freunden und der Familie umgeben zu sein, keine Frage. Wer seine sozialen Kontakte und Beziehungen gut hegt und pflegt und viel Gemeinsames mit Freunden unternimmt, der hat stets gut lachen: Denn beides sorgt für eine bessere Gesundheit und steigert nachhaltig das Wohlbefinden.

Beziehungsforscher haben herausgefunden, dass Freundschaften dazu beitragen, das Wohlbefinden und die Gesundheit zu steigern.

Die Unterstützung von engen Freunden, guten Arbeitskollegen und der Familie, also ein intaktes soziales Umfeld, wirkt außerdem wie eine Art Stresskiller. Darüber hinaus schützen gute soziale Beziehungen davor, Depressionen oder andere psychische Erkrankungen zu bekommen. Sie sind also ein wichtiger Faktor in unserem Leben.

Zugegeben: Es macht auch ungemein Spaß, in sozialen Netzwerken unterwegs zu sein. Gerade berufliches Netzwerken ist ein wunderbarer Erfolgs-Booster, das steht außer Frage. Aber seien wir einmal ehrlich: Gerade diejenigen, die immer gerne geben und stets für andere da sind, dürfen bei all dem Engagement nicht vergessen, auch ab und zu an sich selbst zu denken. Es tut auch mal gut, sich selbst mit Zeit zu beschenken. Zeit ist ein kostbares Gut! Gehe bedacht damit um. Das Smartphone darf doch auch mal ausbleiben. Die Welt dreht sich auch weiter, wenn wir erst nach ein oder zwei Tagen eine Antwort geben oder zurückrufen.

Wie schon in den Tipps zuvor beschrieben, gehe ich zum Abschalten und Energie tanken in die Natur. Sie ist so unendlich reich und voller zauberhafter Kostbarkeiten.

Ab und an packe ich dazu den Rucksack, um in die kraftgebende Welt der Berge einzutauchen. Wer kann bei einem atemberaubenden Panoramablick über die Gipfel nicht komplett abschalten? Manche meiner Bekannten und Freunde übernachten dann in urigen Berghütten. Wie aufregend und romantisch zugleich! Das steht übrigens auch noch auf meiner Wunschliste. Wie sieht's dahingehend bei dir aus – vielleicht wäre das auch ein Detox-Tipp für dich?

Wunderbar abschalten lässt sich in meiner Welt aber übrigens auch an einsamen Stränden. Solche finden sich etwa auf der schönen Kanaren-Insel Fuerteventura. An manchen Tagen haben mein Mann und ich einen Surf-Spot dort ganz für uns allein. Wo findet man denn so was heute noch? Wenn du mich fragst, ist das mein Stresskiller und Entschleunigungs-Turbo Nummer eins! Erlaube dir also auch mal, dich auf dich selbst und deine Bedürfnisse zu konzentrieren. Du wirst sehen, es hilft dir, in deine persönliche Kraft zu kommen.

DETOX-TIPP NUMERO FÜNF: BRINGE ORDNUNG INS CHAOS

Im nächsten Schritt nehmen wir deine direkte Umgebung in Angriff: dein Zuhause! Eine Faustregel des Feng-Shui besagt, dass man erst einmal das Zuhause ordentlich entrümpeln und aufräumen muss, damit das Chi oder die

Lebensenergie dort wieder fließen kann. Das machen wir uns für unsere Detox-Kur für Körper und Geist zunutze.

Denn wer kennt das nicht: Die To-do-Listen füllen sich schneller, als die Punkte abgehakt werden können. Der Stapel auf dem Schreibtisch nimmt immer mehr die Dimensionen vom Schiefen Turm von Pisa an und lässt sich schon gar nicht mehr überblicken.

Wie schnell passiert es, dass wir im Alltagschaos den Überblick verlieren – im wahrsten Sinne des Wortes. Im Büro stellt sich dann das berühmte Brett vorm Kopf ein, das kennst du bestimmt auch. Der überquellende Schreibtisch erstickt unsere Ideen, macht uns unproduktiv. Kommen wir nach Hause, werden wir von allerlei unnötigem Unrat empfangen. Das erdrückt. Die Lösung heißt in solchen Fällen schlicht und einfach: Ordnung ins Chaos bringen! Wenn du deine Umgebung, also deinen Arbeitsplatz aufräumst oder zu Hause für Ordnung sorgst und nicht benötigten Krimskrams entrümpelst, fühlst du dich zugleich innerlich aufgeräumt und vom Ballast befreit.

Es besteht sozusagen eine geheimnisvolle Beziehung zwischen der Welt, die uns umgibt, und der Art, wie wir uns fühlen. Das ist ein wichtiger Schritt, um das Gefühl von innerer Befreiung in Empfang nehmen zu können. Es kann in dem Fall sogar mit der neuen Lebensenergie einhergehen.

Aufräumen mit System

Wir fühlen uns also gleich viel besser, wenn wir zu Hause eine luftig-leichte Wohnatmosphäre schaffen. Doch wo mit dem Aufräumen anfangen, wenn uns die Berge an Arbeit oder anstehenden Aufgaben sowieso bereits schier erschlagen?

Die gute Nachricht ist: Das alles lässt sich ganz systematisch angehen. Um das Thema Aufräumen haben sich viele Profis Gedanken gemacht und ihre Tipps und Kniffe in Ratgebern festgehalten. Aktuell ist sogar ein richtiger Hype um das Thema entbrannt. Experten in Sachen Aufräumen wie die Japanerin Marie Kondo zeigen den Leuten sogar, wie's geht. Ihr Tipp: Alles aus der Wohnung verbannen, was keine Freude macht. Das erleichtert zumindest die Entscheidung, was in den Müll- oder Altkleidersack wandern darf und was nicht. Denn radikal Ausmisten ist auch nach ihrer Methode der erste Schritt hin zum luftigen Zuhause.

. . . .

Nachhaltiges Ausmisten

Allerdings muss es ja nicht gleich zwingend der Müllsack sein. Dinge, die wir nicht mehr benötigen, können für andere Menschen ganz hilfreich sein. Der Weg zum nächsten Secondhand-Laden kann sich daher durchaus im Geldbeutel bemerkbar machen. Ich praktiziere das mit den Kinderklamotten, aus denen mein kleiner Sohn herausgewachsen ist, seit Jahren. Das ist ein tolles Geben und Nehmen. Denn auf der anderen Seite finde ich dort auch immer wieder supertolle Kleidung für kleines Geld. Oder warum nicht beim nächsten Hinterhof- oder Vorgarten-Flohmarkt einen Stand aufbauen? Die sind bei uns in der Stadt total beliebt. Und Einrichtungen wie beispielsweise das Rote Kreuz oder das Kinderkrankenhaus freuen sich über Kleiderspenden und andere gut erhaltene Gebrauchsgegenstände. So etwas gibt es garantiert auch in deiner Umgebung.

Generell ist es ein guter Tipp, das Projekt „Wohnung in Ordnung bringen" in kleine, überschaubare Häppchen einzuteilen. Schließlich kann es nicht jeder neben dem Fulltime-Job einrichten, sich auch noch Vollzeit ums Entrümpeln eines ganzen Hauses oder einer Wohnung zu kümmern.

Man kann sich ja das Häppchen „Aussortieren im Kleiderschrank" für einen verregneten Samstag vornehmen. Ich mache das dann so: Alles, wo ich mich nicht erinnern kann, dass ich oder mein Mann es im letzten Jahr je getragen haben, darf in den Müllsack wandern. Manchmal bin ich aber auch erstaunt, was für einen heißen Fetzen ich da aus einer der hinteren Ecken meines Schranks gefischt habe. Wenn ich mir vorstellen kann, ihn zu tragen, nehme ich ihn natürlich mit in die neue Kollektion auf. Manchmal ergeben sich durch neue Kleidungsstücke dann auch ganz heiße neue Kombinationsmöglichkeiten.

Denn mal ganz unter uns Pfarrersschwestern und ganz abgesehen von dem neuen Entrümpelungs-Fieber: Es gibt Klamotten, die sind wertig und zeitlos. Warum sollte ich die wegschmeißen? Ich habe da zum Beispiel einen Trenchcoat. Zugegeben: Er hat einige Jahre auf dem Buckel. Ich trage ihn gerne, aber manchmal nur um die drei Mal im Jahr. Denn: Im Frühling ist er meistens noch zu dünn, um mich zu wärmen. Im Sommer ist es zu heiß. Und im Herbst wird es schon wieder zu kalt. Ich behalte solche Teile wie den Trench natürlich nur, wenn ich sie mag und sie nicht kaputt sind. Aber: Ich kann sie a) immer mit neuen trendigen Accessoires kombinieren und muss mir b) nicht ständig Neues kaufen, wenn es nicht unbedingt sein muss. Das nennt man übrigens auch Nachhaltigkeit – und die ist ja allen so wichtig, oder etwa nicht?

· ·

Stilvolle Ordnungs-Talente

Habe ich dann alles nicht Benötigte entsorgt und es steht fest, was bleiben darf, sorgen stilvolle Ordnungs-Talente dafür, dass die Ordnung auf Dauer einzieht. Unterstützung bieten die passenden Möbelstücke. Sie können mit praktischen Einteilungen, Schubladen und Aufbewahrungs-Boxen ausgestattet sein. Hier lassen sich Klamotten, Gebrauchsgegenstände und Utensilien übersichtlich einordnen. Dann ist alles an seinem Platz und wartet stets griffbereit auf den nächsten Einsatz. Ganz ausgeklügelte

Möbelsysteme warten mit weiteren Talenten auf: Neben dem durchdachten Stauraum bieten sie flexible Funktionen, die nicht mehr benötigte Arbeitsutensilien nach Dienstschluss geschickt unsichtbar machen. Auf die Art und Weise kann sich der im Wohnbereich integrierte Mini-Sekretär nach getaner Arbeit mit ein paar Handgriffen in den Feierabend verabschieden. Schon ist Platz für den gemütlichen Teil des Abends. Und die Akten oder sonstigen To-do-Listen sind erst einmal außer Sichtweite. Das verspricht, den Kopf freizumachen und den Feierabend entspannt genießen zu können.

Wenn du dir die Mühe gemacht und alle Bereiche in deinem Zuhause einmal geordnet und ausgemistet hast, wirst du merken, wie erleichtert und befreit du dich plötzlich fühlst. Neben dem übersichtlichen und ausschließlich mit Lieblingsteilen sortierten Kleiderschrank wartet eine luftig aufgeräumte Wohnung, in der alles am rechten Platz ist – ein wahrer Ruhepol zum Aufatmen und Auftanken im ach so stressigen Alltag. Und im Homeoffice tut ein entmüllter Schreibtisch auch gut. Du wirst sehen, die Ideen werden bald wieder sprudeln! Dieses Gefühl betrachte ich in meiner Welt als wahren Reichtum.

· ·

Der Plan zum wohlgeordneten Zuhause:

Schritt eins: Ein Plan muss her!
Frage deinen Terminplaner: Wann kannst du dir Zeit freischaufeln, um deine vier Wände einmal häppchenwiese zu durchforsten? Je nach Länge deines Zeitfensters kannst du dir dann einzelne Häppchen vorknöpfen. Zum Beispiel: Samstagvormittag könnte das Bad samt Waschtischschrank zu bewältigen sein. Der ganze Sonntag dürfte für den Kleiderschrank ausreichen. Mittwochabend ist ein Stündchen Zeit, um sich das Tee-Fach im Küchenschrank vorzunehmen, und so weiter und so fort.

Das bereitet dir Chaos im Kopf? Kein Problem. Wenn ich große, unüberschaubare Projekte zu bewältigen habe, „mappe" ich sie mir einfach übersichtlich: Ich erstelle mir eine Mind-Map.

Und so wird's gemacht:
Ausreichend Platz bietet ein großes Blatt im DIN-A2-Format. Falls du keines zur Hand hast: Die Rückseite eines ausgedienten Kalenderblattes tut es auch.

In die Mitte schreibe ich den Namen des Projektes und male einen Kreis darum. Da steht dann zum Beispiel: „Ausmisten". Um ihn herum werden nun die relevanten Punkte, die zu tun sind, angeordnet. Wenn du möchtest, kannst du sie mit dem Mittelpunkt verbinden. Das kann also der Punkt „Kleiderschrank" oder „Garderobe" sein. Jeder einzelne Begriff oder Gedanke kann dann weitere Unterpunkte verpasst bekommen, die sich beliebig erweitern lassen. Dabei nehmen die Stärke der Linien sowie die Größe der Buchstaben der einzelnen Stichpunkte oder Begriffe ab, je weiter sie sich vom Mittelpunkt entfernen.

Wie du es von einer guten alten Landkarte her kennst, sorgt die Gedankenkarte dafür, den Überblick zu bekommen. Auf diese Art und Weise lassen sich komplette Marketingkonzepte entwerfen, genau wie sich die Kapitel eines Sachbuchs oder Romans gedanklich in eine Reihenfolge bringen lassen. Die einzelnen Schritte können dann ein Datum verpasst bekommen und in den Kalender übertragen werden. Schon sind die Gedanken geordnet.

Wenn du Probleme hast, die einzelnen Schritte in eine Reihenfolge zu bekommen, dann kann dir die sogenannte Eisenhower-Methode helfen, Prioritäten zu setzen. Dazu werden die Aufgaben oder Gedanken nach bestimmten Kategorien geordnet, die da heißen: wichtig, nicht so wichtig, dringend und nicht so dringend. Aufgaben, die den Stempel „dringend" und „wichtig" verpasst bekommen würden, stehen ganz vorne auf der Prioritätenliste. Aufgaben, die wichtig erscheinen, aber warten können, bekommen einen Termin zu einem späteren Zeitpunkt verpasst. Dinge, die zwar dringend zu erledigen, aber eigentlich nicht so wichtig sind, können an Helfer abgewälzt werden. Aufgaben, die den Stempel „nicht wichtig" und auch „nicht dringend" bekommen würden, können getrost als erledigt abgehakt werden.

Voilà: Schon ist der Entrümpelungsplan erstellt. Ging doch ganz einfach, oder?

Schritt zwei: Ran an die Müllsäcke!

Ausmisten und entrümpeln ist nun im jeweiligen Bereich angesagt! Alles, was kaputt ist oder einfach nicht mehr zum Style passt oder das Verfallsdatum überschritten hat, wandert per Sack aus dem Haus.

Alles, was bleiben darf, möchte wohlgeordnet eine feste Unterkunft zugewiesen bekommen.

Hilfreich können dafür Möbel mit übersichtlichen Einteilungen sein.

Schritt drei: Lass los – und dich überraschen!

Du hast es geschafft! Sei gespannt, was passiert! Etwas Gutes wird auf dich zukommen. Als ich das letzte Mal meinen Schreitisch nach dem Eisenhower-Prinzip neu organisiert habe, ist gleich eine neue, wunderbare Auftragsflut über mich gekommen!

Am Ende hast du um dich nur noch das Hab und Gut versammelt, das wirklich zu dir passt, und zugleich löst du dich von all dem, was nicht zu dir passt. Das wirkt auf der äußeren Ebene deiner Umgebung und beeinflusst deinen inneren Zustand. Mit Sicherheit kannst du nach deiner Aufräum-Aktion nachempfinden, was es mit dem Gesetz der Entsprechung auf sich hat. Es besagt: „Wie außen, so innen und umgekehrt". Ist es um dich herum aufgeräumt, wirst du dich innerlich aufgeräumt fühlen. Fühlst du dich andersherum innerlich reich, wird sich das in deiner äußeren Welt bald manifestieren.

DETOX-TIPP NUMERO SECHS: STÖBERE DEINE HINDERLICHEN DENKWEISEN AUF!

Für diesen fast allerwichtigsten Step der mentalen Detox-Kur müssen wir zunächst einmal Sherlock Holmes spielen. Das heißt, wir müssen deine verfestigten, hinderlichen Denkweisen zuallererst einmal aufzuspüren. Im NLP-Fachjargon werden sie wie schon erwähnt Glaubenssätze genannt.

Um uns auf deren Fährte zu machen, müssen wir sie zunächst aus den Schatztruhen, die im Eisberg (deinem Unbewussten) tiefgefroren sind, an die Oberfläche, also ins Bewusstsein, holen. Auf die Art und Weise enttarnen wir die Übeltäter gnadenlos, um sie erst einmal unschädlich zu machen. Sind sie entmachtet, ist Platz da, um neue, hilfreiche Überzeugungen zu installieren. Mit diesen neuen Gedanken bauen wir dann im nächsten Schritt endlich das Fundament, um all deine Lebensbereiche nach dem Lebensgefühl von innerem Reichtum und Harmonie auszurichten.

Aber nun machen wir uns mal daran, deine Glaubenssätze aufzuspüren. Um einen guten Draht zu deinem Unbewussten aufzubauen, ist es hilfreich, wenn du dich entspannst. Denn: Den besten Zugang zum Unbewussten finden wir in entspanntem Zustand.

Die Türöffner zum Unbewussten

Meditationen, Trancen oder Traumreisen sind für mich die wirkungsvollsten Methoden, um mit dem Unbewussten in Kontakt zu treten. Manche Menschen können auch super beim Joggen, einem ausgedehnten Spaziergang oder einer Tour auf zwei Rädern durch die Natur entspannen. Ich denke, nicht nur auditiv veranlagte Menschen lieben es, zu den Klängen klassischer Musik, vielleicht sogar während eines wohlig duftenden Bades, zu entspannen. Sehr meditativ ist es auch, im Salzwasser zu floaten. Wurde das Wasser mit einer ausreichend hohen Konzentration an Salz versehen, trägt es den Körper sanft, ganz so, als ob man darin schwerelos dahinschweben würde. Du kennst das bestimmt vom Toten Meer.

Wenn du selbst einmal in den Genuss des schwerelosen Schwebeerlebnisses kommen möchtest, musst du nicht zwingend in den nächsten Flieger Richtung Totes Meer steigen. Bestimmt findest du auch in den Thermen und Wellness-Tempeln deiner Region verschiedene Sole-Becken, die das möglich machen. Ich verbinde mein Floating-Erlebnis bei uns in der nahe gelegenen Therme immer gerne mit einer Klangschalenmeditation. Das ist super entspannend und ich habe dabei schon erlebt, wie man nach wenigen Minuten mit ganz tollen Ideen geflutet wird.

Allerdings setzt das „echte" Floating im Sinne des Deutschen Floating Verbands (DFV) voraus, dass Reize von außen wie Licht und Geräusche am besten vollständig ausgeknipst werden.[3] Eigens dafür wurden spezielle

Floating-Tanks entwickelt. Die kannst du dir im Prinzip wie ein riesengroßes Ü-Ei mit aufklappbarem Deckel vorstellen. Sie sind ausreichend groß, um in ausgestreckter Körperhaltung darin schweben zu können. Im Inneren des mit Sole gefüllten Tanks ist es also vollkommen ruhig und dunkel. Das erst verspricht die absolute Reduktion von Sinnesreizen, was neben Tiefenentspannung zu innerer Ruhe führen soll. Die meditative Super-Entspannung beim Floating bringt noch weitere positive Effekte mit: Sie versetzt unser Gehirn in eine Art dämmrigen Zustand zwischen Noch-Wachsein und leichtem Schlaf, wie wir ihn oft in dem Moment kurz vor dem Einschlafen haben. Vereinfacht gesagt ist hierbei der Kanal zum Unbewussten geöffnet. Die Bahn wird frei für Inspirationen, Geistesblitze und Ideen höchster Kreativität. Es wird oft berichtet, dass sie in Form einer Flut an inneren Bildern oder Filmsequenzen vor dem inneren Auge ablaufen. Ich kann das schon allein beim Floaten in Kombination mit der Klangschalenmeditation bestätigen. Man könnte also auch sagen: Die guten Ideen und Geistesblitze sprudeln beim Floating wie von selbst.

Die Überlegung mit dem Reizentzug ist übrigens nicht ganz neu: Bereits vor vielen Jahrzehnten entwickelte der Gehirnforscher John C. Lilly (1915 – 2001) den ersten Tank, um zu beweisen, dass Gehirnfunktionen und Kreativität angeregt werden, wenn die äußeren Reize ausgeschaltet werden.

Auch wenn es nicht ganz Lillys Idee entspricht, kannst du dich als Floating-Anfänger bei deinen ersten Schwebeversuchen im Floating-Zentrum auch mit Licht und sanfter Musik berieseln lassen. Das wirkt vor allem zum Eingewöhnen beruhigend. Oder du probiert es erst mal in einer Therme im Solebecken aus. Um aber in den völligen Tiefenentspannungszustand zu kommen, gilt es: Alles abschalten – und Deckel zu!

Mittlerweile bieten Hersteller übrigens auch spezielle Floating-Badewannen für zu Hause an. Sie sind in einer ausreichenden Größe konzipiert, um in ausgestreckter Körperhaltung schweben zu können. Somit kannst du nach Herzenslust floaten, wann immer es dir nach Tiefenentspannung ist oder du frische neue Einfälle benötigst. Den meditativen Zustand zwischen Wachsein und Schlaf kannst du aber auch wunderbar nutzen, wenn du dein Unbewusstes nach hinderlichen Glaubenssätzen durchforsten möchtest. Schließlich lässt sich auch ohne „Deckel" eine dunkle Umgebung und Ruhe schaffen. Immerhin soll dem Deutschen Floating Verband zufolge kein Geringerer als Albert Einstein selbst etliche seiner Geistesblitze einem Besuch in der Badewanne zu verdanken haben. In diesem Sinne wünsche ich dir: Frohes Floaten!

Ob nun Floaten, Yoga oder Meditieren: Finde die für dich passende Entspannung und übe dich zunächst in Achtsamkeit. Beobachte dich bitte in den nächsten Tagen einmal bewusst selbst. Sei achtsam, was du so den lieben langen Tag über denkst. Welche inneren Selbstgespräche führst du? Sei sehr aufmerksam, was der innere

Kritiker dir zuflüstert. Denn das sind ja ebenfalls Glaubenssätze. Notiere bitte alle Denkmuster, die dir auffallen, sofort in deinem Heftchen. Die guten, aber vor allem auch die hinderlichen!

Oft sind die Denkmuster und Überzeugungen aber unter vielen Schichten von dickem Staub verborgen. Schließlich haben sie sich ja bereits in deiner Kindheit eingeschlichen. Es kann auch sein, dass einige davon erst zu einem späteren Zeitpunkt ans Tageslicht kommen. Oft kann das passieren, wenn du sie bei anderen Personen entdeckst. Denn unser Gegenüber ist stets ein guter Spiegel von uns selbst. Ich sehe mir manchmal Filme an, und es macht klick! In solchen Fällen habe ich mich mit der Filmfigur identifiziert. Es ist dann so, als ob sie mir einen Spiegel vor Augen hält. Ich habe dann ein Denk- oder Verhaltensmuster aufgespürt, das bei mir ähnlich ist. Dann schreibe ich mir das sofort auf und frage mich und mein Unbewusstes in den kommenden Tagen, woher aus meiner Kindheit das kommen kann. Wie das mit den Fragen ans Unterbewusste funktioniert, erkläre ich später noch. Und wer weiß, vielleicht hilft dir ja auch ein guter, positiver Film beim Entspannen?

Vielleicht gibt dir aber auch die folgende Übung den richtigen Anstoß. In dem Sinne wünsche ich dir viel Spaß beim Entspannen und Gedankenmüll aufstöbern!

. . . .

💡 Übung
Wo drückt der Schuh?

Eine gute Übung, um hinderliche Glaubenssätze aufzustöbern, ist, sie mittels einer speziellen Fragetechnik aufzudecken.

Wenn du unsicher bist, kannst du dazu auch die Unterstützung eines Profis annehmen. Ich gehe diese Fragen auch gerne mit meinen Coachees durch. Aber es ist überaus hilfreich, dir die Fragen zunächst einmal selbst in Ruhe zu beantworten. Ich lade dich also ein, dir die Zeit zu schenken, um dir Gedanken zu den folgenden Fragen zu machen.

Suche dir dafür ein ruhiges Plätzchen, an dem du dich wohlfühlst und gut entspannen kannst.
Wenn es hilft, schließe dazu ruhig die Augen.
Atme ein paar Mal tief ein und aus.
Frage dich:

• Wo beziehungsweise in welchem Lebensbereich drückt der Schuh besonders?
• Was läuft hier genau schief?
• Was ist passiert, dass es dazu kam?
• Wie agierst du dabei genau?
• Aus welchem Grund machst du das?
• Wie steht dir dein Agieren im Weg?
• Wie denkst du über dich, wenn du dich dabei aus der Vogelperspektive betrachtest?

- Wie kann dir dein Agieren nützlich sein?
- Was hat das für Auswirkungen, wenn du künftig anders reagierst?
- Wie sieht die Zukunft aus, wenn du so weitermachst wie bisher?
- Welche Einstellung steckt dahinter?
- Welche Werte stecken dahinter?
- Was lässt dich das glauben?
- Welche positive Absicht verbirgt sich hinter deinem Glauben?
- Wer bist du in dem Moment?

Lass die Fragen bitte einmal wirken. Höre nun eine Zeit lang in dich hinein. Was brabbelst du generell den ganzen Tag mit dir selbst – bezogen auf den jeweiligen Lebensbereich? Meldet sich innere Kritiker zu Wort? Höre ihm einmal genau zu. Und worum kreisen deine Gedanken? Sei auch achtsam, was du zu anderen sagst. Wo fühlst du dich eventuell angegriffen? Was verteidigst du mit den Sätzen „... ja, aber ..." oder „...aber, wenn ..."? Sie können gute Indizien liefern, wo genau der Schuh drückt. Wie schon erwähnt: Dein Partner oder Gegenüber ist immer ein guter Spiegel!

Zusammenfassung
Deine Merksätze und Zitate auf dem Weg zu deinem Lebensgefühl von innerem und äußerem Reichtum in allen Bereichen:

„Mit unseren Gedanken erschaffen wir die Welt."

BUDDHA

Unsere Gedanken sind mächtige Architekten: Sie konstruieren die Welt, die uns umgibt!

To-do-Liste: So klappt das Entgiften und Loslassen auf allen Ebenen

Tipp 1: Finde das Essen, das zu dir passt
Tipp 2: Schlaf dich gesund und schön
Tipp 3: Finde den Sport, der zu dir passt
Tipp 4: Schalte ab, denk auch mal an dich!
Tipp 5: Entmülle dein Zuhause
Tipp 6: Finde deine hinderlichen Glaubenssätze
Tipp 7: Entrümple alte Denkmuster

· ·

Glaubenssätze aufspüren – so geht's:

Meditiere, sorge für Entspannung.
Beobachte achtsam deine Gedanken und inneren Selbstgespräche. Höre in dich hinein: Was könnte mir im Weg stehen?
Wovon möchte ich mich befreien?
Frage dich jedoch stets, bevor du dich daran machst,

einen Glaubenssatz loszulassen: Was möchte er Gutes für dich bewirken?

Hier ist Platz für deine hinderlichen Denkmuster und Verhaltensweisen:

Hier ist Platz für die positive Absicht, die sie für dich verfolgen:

Die Liste der üblichen Verdächtigen

Bist du fündig geworden, wer deine Übeltäter sein könnten? Wenn nicht, keine Bange. Die folgende Checkliste kann dir dabei helfen, vorgefertigte Instant-Denkschemata und hinderliche Glaubenssätze aufzustöbern. Alle Aussagen, die genau so auf dich zutreffen, kannst du mit auf deine persönliche Liste der hinderlichen Gedanken packen. Kleiner Tipp: Bitte ärgere dich nicht über deine Glaubenssätze. Denn ansonsten gießt du nur noch mehr Öl ins Feuer und verstärkst damit ihre Gültigkeit. Und wenn es dich beruhigt: Solche oder ähnliche Denkmuster trägt so ziemlich jeder mit sich herum. Leider!

Checkliste der üblichen Verdächtigen
• Ich bin immer so nervös und ängstlich.
• Das haut sowieso nicht hin!
• Das schaffe ich nie!
• Irgendetwas bremst mich aus.
• Ich ziehe einfach immer die/den Falsche/-n in mein Leben.
• Was bin ich aber auch für ein Pechvogel!
• Heute mag aber auch gar nichts klappen!
• Was ich auch anfange: Ich bin immer nur die Nummer zwei!
• Ich habe das Gefühl, das Leben gibt mir nicht das, was mir eigentlich zusteht.
• Ich muss zu hart arbeiten, um mir meine Brötchen zu verdienen.

- Ich kann anstellen was ich will, ich bringe es doch zu nichts.
- Ich bin es nicht wert, dass …
- Ich habe es nicht verdient, ein Leben in Wohlstand zu führen.
- Niemand nimmt mich ernst!
- Ich muss immer mehr leisten als andere.
- Ich werde immer übersehen.
- Ich werde immer unterschätzt (kommt oft bei berufstätigen Frauen vor).
- Ich bin ständig krank.
- Ich muss mir immer alles hart erkämpfen.

Hier ist nun Platz für deine persönlichen hinderlichen Glaubenssätze!

Lass mich raten: Bestimmt hast du eine ellenlange Liste an hinderlichen Glaubenssätzen zusammengesammelt. Das ist naturgemäß erst einmal erschreckend. Andererseits gibt es wie so oft eine Kehrseite der Medaille. Zu der darf ich dich beglückwünschen! Es ist gut, dass du so viele Glaubenssätze, die dich blockieren, gefunden hast. Denn nun bekommst du ein Gespür dafür, was die Auslöser sein könnten, die dazu geführt haben, dass du deine innerlichen Handbremsen anziehen konntest, die dich davon abhalten, das Leben zu führen, das dir eigentlich vorschwebt. Du hast also bereits einen gewaltigen Schritt in Richtung innerer und äußerer Reichtum unternommen!

Der nächste Schritt wird sein, die hinderlichen Gedankenmuster unschädlich zu machen. Doch bevor wir ein Gegengift für sie finden können, ist es hilfreich, sie allesamt auf der linken Hälfte einer Doppelseite in deinem Büchlein aufzulisten. Das sieht dann so aus, wie du es vom guten alten Vokabelheft her kennst: Auf der linken Seite ist Platz für deine hinderlichen Gedanken und Glaubenssätze. Wichtig für das mentale Umpolen wird künftig vor allem die rechte Seite sein. Der schenken wir in einem späteren Schritt noch intensivere Aufmerksamkeit.

Wenn du magst, kannst du auch wie für die Mindmap ein großes Blatt im DIN-A2-Format verwenden und dieses an ein Whiteboard oder einfach an die Wand heften. Dann hast du dein Glaubenssystem ganz groß und präsent vor deinen Augen – sowohl jene Glaubenssätze, die dich blockieren als auch jene, die dich künftig zu deinem Leben in innerer Harmonie und Reichtum führen werden.

· ·

DETOX-TIPP NUMERO SIEBEN: GEDANKLICHEN BALLAST ENTRÜMPELN

An dieser Stelle bin ich gespannt zu wissen: Wie ist es dir in Sachen Entrümpeln ergangen? Bist du fleißig vorangekommen und hast du dich womöglich auch zum Ausmist-Profi entwickelt? Das ist prima. Denn nun ist es an der Zeit, dich samt den ungetragenen Kleidern und aus-gedienten Skistiefeln aus deinem Keller auch von deinen hinderlichen Glaubenssätzen zu verabschieden. Denn das alles ist nur unnötiger Ballast, den du ab heute nicht mehr mit dir herumzuschleppen brauchst.

Sollte deine Liste an hinderlichen Glaubenssätzen sehr lang sein: Keine Bange. Wir knöpfen uns nun jeden nach und nach in einer Sonderbehandlung vor.

Eine gute Übung ist es, jeden einzelnen Glaubens-satz zunächst noch einmal gesondert auf einen Zettel zu schreiben.

Nun gibt es verschiedene Möglichkeiten, wie du es mit diesen hinderlichen Glaubenssätzen aufnehmen kannst.

Bevor du den Glaubenssatz aber loslässt, sollte Schritt eins dabei stets sein, die positive Absicht zu hinterfra-gen. Denn: Irgendetwas hat uns dieses innere Gedan-kenmuster ja einmal mit auf den Weg gegeben. Diese Botschaft oder der tiefere Sinn möchte natürlich in dei-nem Notizheftchen festgehalten werden, bevor du dich daran machst, den Glaubenssatz zu knacken.

Ein Glaubenssatz entsteht ja immer durch ein bestimmtes Referenzerlebnis. Das hast du in den vorherigen Kapiteln bereits erfahren. Meist bilden sich die Glaubenssätze in Form von Verallgemeinerungen unserer Erfahrungen und Erwartungen heraus. Wir werfen dazu vereinfacht gesagt sämtliche Erfahrungen in einen Topf und lassen eine per-sönlich erlebte Erfahrung stellvertretend für alle gelten – was logischerweise nicht der Realität entspricht.

Daher ist es oftmals schwierig, solche hinderlichen Glaubenssätze aufzuspüren. Ein Tipp von Benedikt Salehi: „Glaubenssätze zeigen sich oft in unseren Sprachmustern. Verwenden wir bestimmte Begrifflichkeiten, lassen diese auf bestimmte Verhaltensmuster und Glaubenssätze schließen. Sie gewähren sozusagen Einblick in das Modell der Welt meines Gegenübers. Ich muss also genau hinhören. Ich kann auch in mich selbst hineinhören."

 **Übung**
„Entkleide" Glaubenssätze wie eine Zwiebel

In der folgenden Übung zeigt Benedikt Salehi auf, wie er es mit hinderlichen Glaubenssätzen aufnimmt. Sie kann dir dabei helfen, deine zu knacken.

Wer hat den Spruch nicht in seiner Kindheit gefühlte abertausend Mal gehört: „Man muss seinen Teller leer essen. Sonst wird das Wetter schlecht." Oder: „Wenn du nicht aufisst, rutschen die Strümpfe hinunter" und ähnliche Märchen. Vielleicht kommt dir das bekannt vor?

Der Spruch mag bei dem ein oder anderen vielleicht zum einen Ohr rein und zum anderen wieder rausgegangen sein. Bei manchen kann er aber zum hinderlichen Glaubenssatz werden, der das Verhalten ganz ungünstig beeinflusst und sich in Form von überflüssigen Pfunden oder im schlimmsten Fall gar in Übergewicht manifestieren kann.

Darum gilt es jetzt, die Gültigkeit des Glaubenssatzes mithilfe einer speziellen Fragetechnik nach und nach abzuschwächen. Wie du die Schalen einer Zwiebel der Reihe nach abziehen kannst, schwindet der Glaubenssatz mit jeder einzelnen Frage – bis am Ende kein Wahrheitsgehalt mehr übrig bleibt.

Hast du Lust, das an Benedikt Salehis Beispiel einmal durchzugehen? Dann lade ich dich hierzu herzlich ein.

So legst du den Wahrheitsgehalt des Glaubenssatzes „Man muss den Teller immer leer essen" Schale um Schale frei:

• Wer behauptet denn, dass man den Teller immer ratzeputz leerräumen muss? (Falls die Antwort darauf so was wie „Ja, man sagt das halt so …" lautet, frage dich: Wer genau ist denn dieser „man"?)

• Muss ich denn wirklich immer meinen Teller leer essen?
• Gibt es eine Situation, in der du den Teller schon einmal nicht leer gegessen hast?
• Gibt es Menschen auf der Welt, die ihren Teller nicht leer gegessen haben? Was passiert denn mit denen?
• Wie würde die Welt aussehen, in der es erwünscht oder erlaubt wäre, den Teller leer zu essen?
• Was wäre der Vorteil, wenn du den Teller nicht leer essen würdet? Was wäre dadurch möglich?
• Jetzt tu mal so, als ob: Was wäre, wenn dein Teller sich immer automatisch füllen würde, wenn du ihn leerge-

räumt hast – würdest du ihn dann jedes Mal leer essen? (Dir würde ja möglicherweise übel werden.)

- Was für ein Sinn steckt dahinter, den Teller leer zu essen? (Wenn es den vielleicht nach dem Krieg einmal gab, als Nahrung Mangelware war: Ist es denn heute noch so?)
- Wer genau bist du, wenn du den Teller leer isst?
- Was ist es dir wert, den Teller leer zu essen? Welchen Preis musst du dafür zahlen?
- Welche anderen Möglichkeiten, das Essen zu beenden, kennst du, außer den Teller leer zu räumen?
- Im Idealfall könnte man nun auf die Idee kommen, auf das Sättigungsgefühl zu hören und das Essen zu beenden, wenn man satt ist, anstatt den Teller leer zu essen.
- Was ist dir wichtiger: den Teller leer zu räumen oder ein wohliges Körpergefühl und eine knackige Figur?

Wie ist das nun bei dir? Möchtest du die Fragen einmal auf einen deiner Glaubenssätze ummünzen und daran ausprobieren? Dann lade ich dich ein, einen Glaubenssatz deiner Wahl einmal genauer unter die Lupe zu nehmen.

Hier ist Platz für deinen hinderlichen Glaubenssatz:

Hier findest du Platz, um deine Fragen entsprechend um-
zumünzen:

• Wer behauptet das denn?

• Muss ich denn immer …

• Gibt es eine Situation, in der ich nicht …

• Gibt es Menschen, die das nicht tun?

• Was passiert denn mit denen?

• Was wäre der Vorteil, wenn ich nicht …
  Was wäre dadurch möglich?

- Welche Alternativen bieten sich, anstatt …

- Was ist es mir wert, das zu tun oder zu denken … Welchen Preis muss ich dafür zahlen?

- Welcher Mensch bin ich, wenn ich …

- Was für ein Sinn und Zweck steckt dahinter, dass ich…

- Was ist mir wichtiger: Das, was ich loswerden möchte, zu tun, oder mein eigentliches Ziel?

Hast du die Fragen formuliert, lade ich dich ein, darüber einmal in Ruhe nachzudenken.

Na, hat der böse Glaubenssatz nun immer noch seine ganze Macht über dich? Meist sind hinderliche Glaubenssätze eine Art inneres Verbot. Wie wäre es, wenn du das Verbot in eine Erlaubnis umwandelst? Daher wird einer der nächsten Schritte sein, für den begrenzenden oder Verbotssatz eine neue Formulierung in Richtung Erlaubnis zu finden.

Bevor wir uns jedoch auf die Suche danach machen, möchte ich auf Nummer sicher gehen, dass du dich von deinen hinderlichen Denkweisen loslösen kannst. Vorausgesetzt natürlich, du konntest dich auch von der Emotion dahinter lösen. Außerdem solltest du dafür sorgen, dass die für dich gewinnbringende Absicht hinter dem Glaubenssatz in anderer Form für dich erfüllt wird.

Manche schwören darauf, sich in einer Art Verabschiedungs-Ritual von ihnen zu trennen. Einigen Menschen hilft es, sie auf ein Stück Papier zu schreiben und in den Reißwolf zu stecken, um sie klitzeklein zu häckseln. Andere halten das Blatt in den Kerzenschein. Oder sie werfen es in einer Art Abschieds-Zeremonie feierlich in den Feuerkorb in ihrem Garten, nutzen es als Brennmaterial für ihren guten alten Bollerofen oder sehen dabei zu, wie es sich im knisternden Feuer ihres offenen Kamins in Asche auflöst.

Du kannst ihm auch „Auf Nimmerwiedersehen" sagen, indem du dir vorstellst, du sitzt an einem weitläufigen

Sandstrand und blickst aufs Meer. Du knüllst den Zettel mit dem Glaubenssatz, den du loslassen möchtest, zusammen. Eine große Welle kommt angerauscht. Du wirfst den Zettel in die Fluten – rein gedanklich zumindest, aus Gründen des Umweltschutzes, versteht sich. Nun zieht ihn die Strömung mit sich hinaus ins weite, weite Meer. Er wird immer kleiner und ist nur noch ein winziger Punkt. Irgendwann geht er unter und ist gänzlich verschwunden – und damit aus deinem Leben.

Solche Rituale können den Loslass-Prozess wunderbar unterstützen.

DIE KÖNIGSKLASSE: BILDE EIN DREAM-TEAM MIT DEINEM UNBEWUSSTEN

Was aber, wenn dein unbewusster Verstand solche symbolischen Riten nicht auf Anhieb verstehen möchte? Dann habe ich für mich eine Wunderwaffe entdeckt: Eins der wirksamsten Entgiftungsmittel gegen unliebsame Denkweisen, ja sogar Ängste, ist es, direkten Kontakt mit dem unbewussten Verstand aufzunehmen. Das macht man ja beispielsweise auch bei manchen Tranceinduktionen, bei der Hypnose oder in einigen anderen Formaten.

Du hast in den vorherigen Kapiteln bereits die helfende Betrachtung kennengelernt, dass du verschiedene Anteile in deinem inneren Netzwerk hast. Du kennst schon den inneren Kritiker. Bestimmt hast du dir mittlerweile ein Bild von seinem Aussehen gemacht, ihn dir als eine Person oder ein Symbol vorgestellt. Und wahrscheinlich hast du ihm einen eigenen Namen verpasst. Möglicherweise hast du schon des Öfteren mit ihm Debatten geführt?

Nun möchte ich einen Schritt weitergehen. Es gibt ja die Vorstellung, unsere Persönlichkeit besteht aus vielen solchen inneren Anteilen. Möglicherweise hast du auch schon mit anderen Akteuren in deinem Netzwerk Kontakt aufnehmen können? Da ist vielleicht dein inneres Kind, mit dem du kommunizieren kannst. Oder ein Mister Ehrgeiz oder eine Miss Überfliegerin, die dich zu Höchstleistungen anspornen?

Wenn du weiter mit deinen Teilen arbeitest und alle nach und nach kennenlernst, hast du am Ende die Möglichkeit, die ganze Netzwerk-Truppe zum Video-Meeting zu holen. Bei dem möchte nun jeder seinen Senf über seine Sicht der Dinge dazugeben. Der Idealzustand wäre dann, alle Meinungen unter einen Hut zu bringen und die Intentionen aller Beteiligten immer mehr in Einklang zu bringen.[4] Das ist eine fantastische Möglichkeit, um zu lernen, dich selbst samt deinen Handlungs- und Denkgewohnheiten besser verstehen zu können. Allerdings gehört dazu meines Erachtens viel Erfahrung. Du musst ja alle Teile deines Netzwerks erst einmal kennen, um sie zum Video-Meeting einladen zu können. Daher ist diese Betrachtung genial – aber aus meiner Sicht eher erst für die Fortgeschreneren in Sachen Persönlichkeitsentwicklung geeignet.

Um es für den Einstieg für dich etwas einfacher zu gestalten, lade ich dich dazu ein, dir die Idee in etwas abgewandelter Form vorzustellen. Und zwar: Wie fühlt es sich für dich an, wenn du dir dein Unbewusstes, also den Teil des Eisberges, der unter Wasser liegt, ebenfalls als eine eigenständige Persönlichkeit vorstellst?

Diese Idee ist inspiriert von den Betrachtungen der HUNA-Lehre. Sie basiert auf jahrtausendealtem Wissen, das einst nach Hawaii gebracht wurde.

In der HUNA-Praxis wird das Unterbewusstsein sozusagen als eigenständige Persönlichkeit angesehen und als „Unteres Selbst" bezeichnet. Insgesamt wird in der HUNA-Lehre zwischen drei Teilen des Selbst unterschieden. Neben dem unteren gibt es noch das mittlere und das „Hohe Selbst". Für unsere Betrachtung ist nun zunächst das „Untere Selbst" wichtig.[5]

Genauso, wie du es vom inneren Kritiker her kennst, kannst du dir nun analog dazu das, was wir bislang als Unbewusstes bezeichnet haben, als eine Persönlichkeit vorstellen. Mit ihr kannst du kommunizieren – sofern du ihr einen eigenen Namen verpasst. Du kannst mit ihr sogar Verträge aushandeln. Ich arbeite mit dieser von der HUNA-Lehre inspirierten Idee seit Langem und habe phänomenale Erfahrungen damit gemacht.

Was ich dir in den folgenden Kapiteln vorstelle, vereint grob vereinfacht gesagt Elemente aus der HUNA-Praxis in modifizierter Herangehensweise und Ansätze des Teilemodells, wie es in einigen NLP-Formaten zum Einsatz kommt.

Für diejenigen, denen das alles zu knifflig erscheint: Es geht hier nur um Modelle, die uns helfen sollen, komplizierte psychologische Zusammenhänge leicht verständlich zu machen. Um dir das Ganze zum Aufwärmen etwas greifbarer zu machen, erlaube ich mir behelfsweise, diese beiden Modelle in einen Topf zu werfen. Ich picke mir sozusagen die Rosinen heraus und mixe sie ein wenig zusammen, um es dir so einfach und verständlich wie möglich zu machen.

Lass uns nun in den Topf blicken: Wir haben darin das Modell der inneren Anteile auf der einen Seite; aus der HUNA-Lehre finden wir das Modell der drei Teile des Selbst auf der anderen Seite. Wenn wir beide Modelle nun integrieren und ein wenig abwandeln, könnten wir uns auf folgenden Gedanken einlassen: Es gibt einen Teil in dir, das Unbewusste. Wenn du magst, kannst du ihn auch als guten Geist und Helfer betrachten. Wie bei Aladdin kommt er aus der Wunderlampe und macht sich daran, deine Wünsche zu erfüllen. Er kann der Garant für Zielerfüllung, Erfolg und inneren Reichtum sein. Aber: Er ist nicht allein. Es gibt noch andere Teile in dir, die als Gegenspieler auftreten können. Erinnere dich beispielsweise an den inneren Kritiker.

Möglicherweise waren diese Anteile aber nicht immer da. Du hast sie zum Teil selbst erschaffen und kreiert. Aufgrund von Erziehung und Referenzerfahrungen haben sie sich in dein ursprünglich reines Unbewusstes durch die Hintertüre eingeschlichen. Dein Problem ist, dass du gar nicht mitbekommen hast, dass du sie erschaffen hast beziehungsweise dass sie existieren. Das merkst du erst, wenn sie sich in irgendeiner Form melden. Sie zeigen sich meist, wenn im Leben etwas schiefläuft oder zumindest nicht so, wie wir uns das vorstellen. Das sind im Prinzip deine Ängste und Glaubenssätze, die sich als Anteile herausbilden können. Die gute Nachricht: Mit ihnen kannst du arbeiten. Du hast die Möglichkeit, dich mit ihnen auszusöhnen und sie umzuerziehen. Und was das Großartige ist: Dein Geist aus der Wunderlampe, sprich dein unbewusster Verstand, kann dir dabei helfen, sie alle nach und nach aufzuspüren, sodass du bald alle Netzwerker kennenlernen kannst. So gesehen wird es allerhöchste Eisenbahn, dein Unbewusstes auf ein Date einzuladen! Ich habe das getan – es war der Beginn einer fantastischen innigen Freundschaft, die mein Leben auf phänomenale, ich möchte fast sagen: magische Art und Weise verändert hat.

 **Übung**
Ein Date mit dem Unbewussten

Suche dir dafür ein ruhiges Plätzchen, an dem du dich wohlfühlst und gut entspannen kannst.
Wenn es hilft, schließe dazu ruhig die Augen.
Atme ein paar Mal tief ein und aus.

Wenn du bei dir angekommen bist und dich bereit fühlst:
Stelle dir dein Unbewusstes einmal als Person vor:

Frage dich:
• Kannst du dir ein Bild von seinem Aussehen machen?
• Wie sieht es aus?
• Ist es eine Person?
• Oder kommt dir eher ein Symbol oder eine Landschaft
  in den Sinn?

• Fühle einmal tief in dich hinein: Gibt es einen Punkt in
  deinem Körper, an dem es sich bemerkbar macht?
• Bitte es, mit dir in Verbindung zu treten, und biete ihm
  deine Freundschaft an.
• Beobachte dich, spüre und horche eine Zeit lang in dich
  hinein.
• Lasse nun die Übung ganz in deinem Tempo ausklin-
  gen.
• Atme ein paar Mal tief ein und aus.
• Öffne langsam die Augen.
• Komme mit jedem Atemzug mehr und mehr ins Hier und
  Jetzt zurück, bis du merkst, wieder voll und ganz dort
  angekommen zu sein!

Mit deinem inneren Kritiker bist du ja bereits auf Tuchfühlung gegangen. Wie wäre es nun, wenn du genauso
mit deinem unbewussten Verstand kommunizieren könntest? Jetzt hast du ihn ja gebeten, mit dir in Verbindung
zu treten. Er wird sich bald bei dir melden, da bin ich

überzeugt. Ich habe die Erfahrung gemacht: Die Antworten können zu Beginn in Form von Träumen zu dir kommen. Mit der Zeit wirst du dich daran gewöhnen, dich mit ihm auf deine persönliche Art und Weise auszutauschen, denn es kann bei jedem Menschen anders sein. Zusammenfassend kann ich aus meiner Erfahrung sagen: Sich mit dem Unbewussten als Person anzufreunden ist eine der stärksten Mächte, um deinen Weg zu innerem Reichtum zu finden.

Was aber in der Beschnupperungs-Phase wichtig ist: So, wie es Usus ist, die Namen auszutauschen, wenn sich zwei Personen einander vorstellen, so möchte auch dein Unbewusstes in der ersten Zeit mit dir einen Namen verpasst bekommen. Da er hinsichtlich der Charakterzüge eine große Rolle spielt, sollte er nicht unüberlegt ausgewählt werden. Vielleicht möchtest du es ja bewusst nach einem großen Vorbild von dir benennen. Es kann auch eine Person sein, die du aufgrund ihrer besonderen Eigenschaften oder Stärken bewunderst. Du kannst deinen unbewussten Verstand auch gleich beim Thema „Namensfindung" miteinbeziehen und ihm die Frage nach dem passenden Namen stellen. Er wird dir sicherlich Hinweise geben, welchen Name er oder sie „cool" findet.

Vielleicht hast du ja bereits die ersten Debatten mit deinem inneren Kritiker geführt und kommunizierst gelegentlich mit ihm. Gleiches gilt natürlich nun künftig auch für deinen unbewussten Verstand. Du kannst mit ihm kommunizieren – und zwar prinzipiell rund um die Uhr! Er kann dir Antworten liefern, wenn du ihm eine Frage stellst. Das muss nicht zwingend in Form von einer inneren Stimme sein. Und es muss auch nicht sofort sein. Ich habe festgestellt, dass ich von meinem Unbewussten oft Antworten in Form von Träumen gesendet bekomme. Das passiert manchmal schon in derselben Nacht, nachdem ich ihm eine Frage gestellt habe. Manchmal erreicht mich die Botschaft aber auch erst Tage später oder sie wird nach Wochen in Form eines großen Aha-Erlebnisses zugestellt.

Die Nachricht in Form von Träumen ist insofern eine tolle Sache, dass du die Essenz der Antwort in der durchlebten Traumhandlung tatsächlich am eigenen Leib erfahren hast. Voraussetzung ist natürlich, du rufst sie dir am nächsten Morgen ins Gedächtnis und notierst sie dir am besten gleich in deinem Traumtagebuch.

Mich zumindest hat das schon zu den tollsten Dingen inspiriert. Ja, sogar auf ganz große Fragen des Lebens habe ich auf diese wundersame Art und Weise Nachrichten von meinem Unbewussten zugesandt bekommen, die ich ganz bestimmt niemals vergessen werde. Vielleicht erinnerst du dich an das Kapitel über den inneren Kritiker („Aus der Praxis"). Ich wäre nie bewusst auf die Idee gekommen, dass mein innerer Kritiker wie ein Krampus aussieht. Und ich wäre auch nie durch bewusstes Überlegen darauf gestoßen, durch welche Referenzsituationen er sich bei mir eingeschlichen hat – und mit ihm gemeinsam ein paar große hinderliche Glaubenssätze. All diese Türen haben sich mir erst geöffnet, seitdem mein unbewusster Verstand in persona und ich ein wahres Dreamteam sind.

Ich bin sicher, du wirst bald selber sehen: Je mehr du dich mit deinem Unbewussten befasst, umso tiefer und inniger wird eure Freundschaft werden. Dann wird es auch immer leichter für dich, seine Antworten besser zu verstehen. Oder anders gesagt: Umso mehr findest du zugleich zu dir! Ihr könnt ein eingespieltes Superteam werden. Wenn ihr an einem Strang zieht, stehen euch unendlich viele Türen offen! Ich möchte fast sagen: Das war mein Schlüssel hin zum Erfolg, der sich nicht nur in innerem, sondern auch in äußerem Reichtum manifestiert hat.

Es gibt übrigens auch ein paar Tricks, wie ihr lernt, euch besser zu verstehen, du und dein Unbewusstes. Einer davon ist, es laut anzusprechen. Wo dir das besonders weiterhilft, das sehen wir in einem späteren Kapitel noch im Detail an. Mein unbewusster Verstand in persona heißt übrigens „Philipp". Das verrate ich dir, damit es sich in den nächsten Kapiteln leichter für dich liest.

. . . .

Klopfe deinem Unbewussten auf die Finger!

Das Unbewusste reagiert nicht nur darauf, wenn du es laut ansprichst. Es springt auch ganz besonders gut auf körperliche Berührungen an, die du ihm gibst. Du kannst zum Beispiel mithilfe von Gesten konkrete Absprachen mit ihm aushandeln. Wenn du magst, kannst du einen hochoffiziellen Vertrag mit ihm schließen. Der könnte so gestaltet sein, dass es bei der entsprechenden Geste, die du ihm zeigst, etwas tun oder loslassen soll. Das kannst du dir wunderbar zunutze machen, wenn du deine Glaubenssätze oder Ängste auflösen möchtest. Ich persönlich tippe dann leicht mit dem rechten Zeigefinger auf den linken. Diese kleine Bewegung soll stellvertretend dafür stehen, wie man es bei frechen Kindern macht, wenn man ihnen sprichwörtlich „auf die Finger klopft". Jedes Mal, wenn ich also merke, dass ein Zweifel in Bezug auf eine bestimmte Sache in mir aufsteigen möchte, klopfe ich leicht mit dem rechten Zeigefinder auf meinen linken Zeigefinger und sage laut: „Mit dem nächsten Ausatmen lasse diesen Zweifel mehr und mehr los." Mein „Philipp" ist dann durch das Klopfen alarmiert und weiß dank unserer Abmachung: „Okay, hoppla, das ist keine Anweisung, die es für Christina in der Realität umzusetzen gilt." Vielmehr hat sich hier wohl ein innerer Anteil eingeschaltet, der seinen Senf dazugeben möchte. Dann ist für „Philipp" und mich klar: „Achtung, hier meldet sich ein Gegenspieler, der nicht nach unseren Regeln spielen will und meiner (sprich: Christinas) angestrebten Zielführung im Weg steht."

Das kann der innere Kritiker sein, der sich mit irgendwelchen Zweifeln à la „Das haut nicht hin" oder „Andere sind besser" zu Wort meldet. Es kann ein bedrohliches

Bild sein, das sich vor meinem inneren Auge einschleichen möchte. Es kann eine ungewollte begrenzende Denkweise sein, bei der ich mich erwische. Was es in dem konkreten Fall auch sein mag: Ich möchte es loslassen.

Sollte sich ein innerer Anteil eingeschaltet haben, würdige ich seine Argumentation natürlich. Schließlich könnten seine Einwände oder seine Absichten in irgendeiner Weise wertvoll für mich sein. Das kann ich ihm etwa mit den folgenden Worten beibringen: „Danke, lieber innerer Teil, dass du mich darauf aufmerksam machen möchtest. Ich sehe dich und dein Anliegen. Dennoch möchte ich es gerne loslassen."

Falls es sich um einen wiederkehrenden Glaubenssatz oder ein inneres Bild handeln sollte, das ich bereits analog zu den Anleitungen in den vorherigen Kapiteln entmachtet habe, sollte ich die positive Absicht, die dahinter verborgen liegt, ebenso bereits für mich in Erfahrung gebracht haben.

Und jetzt kommt es: Sobald ich meinem Philipp auf die Finger geklopft und mir den inneren Störenfried bewusst gemacht habe, lenke ich bewusst meine Aufmerksamkeit – und somit die von Philipp – auf das, was ich eigentlich in meinem Leben habe möchte. Ich ersetze also zum Beispiel sofort das unerwünschte innere Bild durch ein erwünschtes, das mich ans Ziel führt. Ich ersetze den Glaubenssatz durch einen positiv formulierten, eine sogenannte Affirmation. Die beiden zielführenden Anweisungen, also Zielbild und Affirmation, müssen natürlich zuvor noch in einem eigenen Schritt „installiert" werden. Wie das genau funktioniert, gehen wir zusammen in den nächsten Kapiteln Schritt für Schritt durch.

Es ist also ganz so, als ob du deinen inneren Kameramann in die Seite knuffst, wenn er etwas filmt, das du gar nicht im Kasten haben möchtest. Er kann dann reagieren und seine Kamera sofort umschwenken. Damit ist es dir möglich, deinem Film eine positive Wendung zu verleihen.

Aber jetzt schon einmal so viel: Diese Methode kann dir meiner Erfahrung nach wunderbar dabei helfen, Angstmuster und negative Gedankenspiralen zu durchbrechen. Auf ähnliche Art und Weise funktionieren übrigens sogenannte Anker. Sie können dich in null Komma nichts in einen Top-Zustand bringen, wenn du mal wieder einen Durchhänger hast. Wie du das genau anstellst, zeige ich dir später im Detail. Aber lass uns alles immer in Ruhe der Reihe nach angehen. Nun hältst du viele Schlüssel in der Hand, die dich befähigen, limitierende Gedanken- und Verhaltensmuster aufzulösen. Herzlichen Glückwunsch, du kannst dich glücklich schätzen! Der nächste Schritt wird nämlich sein, die Limits aufzuheben und alles für dich ins Positive umzukehren. Bald schon wird dich das Lebensgefühl von purer innerer Reinheit durchfluten, da bin ich mir ziemlich sicher!

WIE DU DEIN LEBEN NEU AUSRICHTEST

Jetzt hast du gelernt, wie du dich von deinen hinderlichen Gedanken und Glaubenssätzen lösen kannst. Für die nächsten Schritte benötigst du sie aber noch mal. Knöpfe dir daher zunächst die linke Hälfte deines Notizheftchens oder deiner Liste mit den hinderlichen Glaubenssätzen vor. Denn nun gilt es, für jeden einzelnen hinderlichen Gedanken, der darauf zu finden ist, einen neuen zu suchen, der den alten ersetzt. Er muss natürlich positiv formuliert sein und soll dein Denken in die gewünschte Richtung lenken. Solche positiven, lebensbejahenden und heilenden Formulierungen nennt man auch „Affirmationen". Ich nenne sie liebevoll „Glückskekse fürs gute Leben".

Im Prinzip affirmieren wir den ganzen Tag mit unserem Denken, indem wir mit uns selbst in Dialog treten. Eine Affirmation ist sozusagen die Bekräftigung einer Aussage. Umso wichtiger ist es, darauf zu achten, was genau wir zu uns selbst sagen. Und vor allem gilt es, darauf achtsam zu schauen, dass es etwas Liebevolles und Positives ist, was wir bekräftigen.

To-do:
Suche für jeden hinderlichen Glaubenssatz auf der linken Seite deines Notizheftes eine passende neue Affirmation. Notiere sie gleich rechts daneben.

„Glückskekse fürs gute Leben" –
Hilfreiche Affirmationen

Wie kann dein Notizbuch oder deine Liste an der Magnetwand nun aussehen? Ich greife dir gerne mit ein paar Beispielen unter die Arme:

Meine hinderliche Denkweise	Mein Glückskeks: Die neue Affirmation
Fokus auf Mangel und Probleme gerichtet	**Fokus auf inneren Reichtum gerichtet**
Ich muss den Teller immer leer essen.	Ich höre auf mein Sättigungsgefühl.
Ich bin immer so nervös und ängstlich.	Ich bin ganz nah bei mir und erfüllt von innerer Ruhe.
Das haut sowieso nicht hin.	Was ich anfasse, gelingt mir auf Anhieb und mit Leichtigkeit.

Das schaffe ich nie!	Ich gebe stets mein Bestes. Ich kann darauf vertrauen, alle Situationen zu meistern.
Ich finde niemals meine große Liebe.	Ich bin einzigartig und es wert, geliebt zu werden.
Ich habe das Gefühl, immer leer auszugehen.	Das Leben meint es stets gut mit mir. Fülle und Wohlstand strömen in mein Leben.
Ich muss zu hart arbeiten, um mir meine Brötchen zu verdienen.	Fülle und Wohlstand fließen mir mit der Leichtigkeit einer energiegeladenen Welle zu.
Ich habe Angst davor, verletzt zu werden.	Ich öffne mich der Liebe und erlebe tiefe Geborgenheit.

Ich habe Angst, alt, über-gewichtig und zerknittert zu werden.	Jede meiner Körperzel-len ist in Topform, voller Jugend und Energie. Mein Körper ist zu jeder Zeit schlank und strahlend schön.
Ich bin andauernd krank.	Mein Geist wohnt in einem vor Gesundheit strotzenden Körper.
Ich fühle mich ständig ausgelaugt und antriebs-los, ganz so, als hätte ich mehrfach einen Marathon zurückgelegt.	Ich bin voller Tatendrang und fühle mich frisch und energiegeladen.
Heute läuft verdammt noch mal alles schief!	Heute klappt alles wie am Schnürchen. Wow, bin ich im „Flow".

Ich bin keine gute Mutter / ein Rabenvater.	Ich gebe jeden Tag das Beste für mein Kind.
Hier ist nun Platz für deine persönlichen limitierenden Glaubenssätze	**Hier ist nun Platz für deine persönlichen Affirmationen**

Hilfreich ist es außerdem, wenn du deine Affirmationen mit einer wertvollen Ressource untermauerst. Unter einer Ressource versteht man eine Art Kraftquelle. Es ist gut, wenn du möglichst viele davon sammelst und sie dir stets bewusst machst. Denn sie unterstützen dich dabei, deine Ziele zu realisieren. Das können besondere Fähigkeiten, Talente oder Stärken sein. Es kann aber auch etwas sein, was dich antreibt oder dir wichtig ist, wie Liebe, ein Wert wie Gerechtigkeit, eine Vision oder eine Mission, für die du brennst und die du erfüllen möchtest.

Was auch immer es für dich ist: Das liefert deinem inneren Kameramann das nötige Beweismaterial, dass er dieser neuen Denkweise und somit der Affirmation auch Einlass in das Denkmuster-Archiv deines unbewussten Verstandes gewähren kann.

. . . .

Sei liebevoll zu dir und schenk dir Zeit

Da ist aber noch eine Sache, die ich dir gerne ans Herz legen möchte, bevor du dich daran machst, sämtliche Bereiche in deinem Leben zu durchforsten und nach deinem persönlichen Lebensgefühl auszurichten, das du mit innerem Reichtum verbindest:

Da Glaubenssätze mit ganz starken Gefühlen wie Hilflosigkeit, Hoffnungslosigkeit, Sinnlosigkeit, Bedeutungslosigkeit und Wertlosigkeit verknüpft sind, kann es immer wieder passieren, dass du in dein altes Fahrwasser zurückfällst. Daher ist es wichtig, dass du weißt, dass es manchmal nicht von heute auf morgen auf Knopfdruck klappt, alles Hinderliche über Bord zu werfen und von dem hilflosen oder hoffnungslosen Gefühlszustand in einen kraftvollen Zustand zu kommen, der deine Affirmation untermauert. Daher ist der Tipp vom Profi, dir ausreichend Zeit dafür einzuräumen.

„Schenke dir die Zeit, an dir zu arbeiten, und habe Spaß daran. Bleibe aber am Ball, und du wirst sehen, dass du dich bald über Fortschritte freuen kannst."

BENEDIKT SALEHI

Wie er harte Nüsse konkret zu knacken pflegt, zeige ich dir am Beispiel des berühmt-berüchtigten Glaubenssatzes „Das schaffe ich nicht". Schließlich schleppt den wohl so ziemlich jeder mit sich herum, inklusive eines mehr oder weniger ausgeprägten Gefühls der Hilflosigkeit. Oder wie ist das bei dir?

Worin du jetzt aber schon deinem alten Ich meilenweit voraus bist: Du hast gelernt, dass du dir die hinderlichen Glaubenssätze bewusst machen kannst. Das ist wunderbar, denn jetzt bist du schon alarmiert, wenn sich der innere Kritiker wieder einmal zu Wort meldet und dir mit dem Spruch „Das schaffe ich nicht" den Mut rauben möchte.

Du hast außerdem gelernt, dafür eine Affirmation zu finden. Die kann jetzt in dem Fall extrem ins Positive formuliert sein. Wie wäre es mit: „Ich kann alles erreichen, was ich will!"? Das ist powervoll und sehr motivierend, nicht wahr? Dabei untermauert das Gefühl von starkem Selbstbewusstsein und ein „Alles-ist-möglich-Gefühl" diese neue Formulierung. Prima, oder? So, jetzt bist du aber gerade in einem total zerknirschten Zustand. Dein Chef oder ein schwieriger Kunde hat dich zur Schnecke gemacht. Trotzdem sollst du das Projekt, bei dem du dich auch noch auf völlig neuem Terrain befindest, bis morgen Abend fertig stellen. Zugegeben: Das wird schwer, in solch einer Stresssituation vor Selbstbewusstsein zu strotzen oder sich gar total energetisiert zu fühlen, nicht wahr? „Wenn der Sprung einfach zu groß ist, empfehle ich, einen Gang zurückzuschalten und es besser Schritt für Schritt anzugehen", so der Tipp von Benedikt Salehi.

Wie wäre es also, im ersten Step mit einem aufbauenden Satz anzufangen, der sich ein bisschen in die gewünschte Richtung bewegt? Wie dieser Satz für dich lautet, kannst du herausfinden, wenn du dich selbst fragst: „Wann habe ich schon einmal etwas gut gekonnt?" Dann könntest du dir Gedanken über Momente machen, in denen du schon einmal etwas gekonnt hast. Davon findet ihr, du und dein unbewusster Verstand, garantiert jede Menge. Am besten ist es, sie gleich hier festzuhalten. Das sind wertvolle Ressourcen!

Hier ist Platz für deine Notizen: Das habe ich schon einmal gut gekonnt:

Vielleicht kann der nächste unterstützende Satz lauten: „Ich kann sogar ein bisschen mehr im Vergleich zu anderen." Es gibt garantiert etwas, was du ein bisschen besser kannst als andere. Gehörst du zu den Mega-Ausdauer-Joggern? Bist du biegsam wie eine Yoga-Koryphäe? Oder zählt zu deinen Hobbys, in unter einer Stunde einen stylischen Topflappen zu häkeln? Wunderbar, dann hast du hier eine Ressource gefunden. Aha, das fühlt sich gleich besser an, was meinst du? Halte das gleich fest.

Hier ist Platz für deine Notizen: Das kann ich ein bisschen besser als andere:

Wie könnte der nächste Satz in Richtung „Ich kann alles erreichen, was ich will!" lauten? Hier ist Platz für deine Notizen, falls du diesen Satz gleich bearbeiten möchtest.

Auf diese Art und Weise kannst du dich Schritt für Schritt immer mehr an den gewünschten Zustand – unter NLPlern würde man sagen: Moment of Excellence – annähern (das brauchen wir später noch, daher ist es gut, wenn du das schon einmal gelesen hast).

· ·

So pflanzt du Affirmationen nachhaltig ein

Du hast bereits gelernt, dass sich dein unbewusster Verstand am meisten angesprochen fühlt, wenn du laut mit ihm redest. Er guckt dir aber auch über die Schulter und liest recht gerne mit, was du so aufschreibst. Hilfreich ist es daher, deine neuen Denkweisen, nach denen sich dein Leben künftig ausrichten soll, nicht nur laut auszusprechen, sondern sie auch aufzuschreiben. So hast du die besten Chancen, dass dein Unbewusstes „mithört" und „mitliest" und sich bestenfalls gleich mit Eifer an die Erfüllung macht. Es ist ja auch immer gutes Dokumentationsmaterial für deinen inneren Kameramann.

Hilfreich ist es daher, deine neuen Denkweisen auf Kärtchen zu schreiben. Wenn du möchtest, kannst du deiner kreativen Ader freien Lauf lassen und sie kunstvoll verzieren. Verteile sie dann sichtbar an verschiedenen Plätzen in deinem Zuhause. Ideal sind solche, an denen du häufig vorbeikommst. Das kann der große Spiegel in der Garderobe sein. Passenderweise kann dir hier nun künftig beim prüfenden Blick auf dein Outfit auch eine wohlwollende Affirmation zu deinem Äußeren ins Auge fallen. Wie wäre es mit: „Ich habe eine tolle Ausstrahlung" oder „Ich bin sexy"?

Zum Kühlschrank marschierst du wahrscheinlich ebenfalls des Öfteren im Verlauf eines Tages. Hier bietet sich ein Klebezettel oder ein Kärtchen mit einer neuen Denkweise zum Thema Gesundheit oder Energie an. Wie wäre es mit „Mit jeder leckeren und gesunden Mahlzeit nehme ich pure Energie in meinen Körper auf"?

Ein guter Platz für ein Affirmationskärtchen kann auch dein Computer-Bildschirm sein, besonders dann, wenn es vom Inhalt her mit dem Thema Erfolg oder deinen besonderen Talenten zu tun hat.

Auf die Art und Weise kannst du nach und nach sämtliche Lebensbereiche durchscannen und die passenden neuen Affirmationen an deinen prominenten Lieblingsplätzen im Zuhause anbringen.

. . . .

Denk dir die Welt, die dir gefällt

Wenn du auf Nummer sicher gehen möchtest, dass dein unbewusster Verstand gerade auf Empfang für neue Affirmationen gestellt ist, findest du in der Meditation ein gutes Instrument, um ihm die neuen Denkanweisungen nachhaltig einzupflanzen.

Ein guter Zeitpunkt dafür kann ganz früh morgens sein, gleich nachdem du aufgewacht bist. Oder aber kurz bevor du abends einschlummerst. In diesem entspannten und wohligen Zustand zwischen Wachsein und Schlafen öffnet sich das Tor zu unbewussten Ebenen – aber auch zum universalen Ganzen. Es ist der Zustand, in dem unsere Gehirnwellen in der Alpha-Frequenz zwischen acht und zwölf Hertz (Hz) unterwegs sind. Die sogenannte „Alpha-Brücke" verbindet das Bewusstsein mit den unbewussten Ebenen. Sie stellt sozusagen auch die Telefonverbindung her, die uns mit dem universalen Feld verschmelzen lässt. In just dem Moment ist dein Geist besonders aufnahmebereit für deine positiv formulierten Anweisungen.

Meditation ist der Schlüssel, um in den Genuss der wohltuenden Alphawellen zu gelangen, die auch die anderen Frequenzen verbinden. Es gibt die unterschiedlichsten Meditationstechniken. Ganz wunderbar sind geführte Meditationen und Traumreisen. Wichtig ist aber auch, mal gar nichts zu hören oder zu sehen, sondern alle Sinne abzuschalten und dich nur nach innen zu richten. Das hast du bereits im Kapitel über Floating erfahren. Deshalb versuche auch mal deine eigene Meditation, ohne geführte Stimme. Sei ganz für dich und höre in dich hinein. Wenn es hilft, kannst du ja dazu das Floaten ausprobieren.

Wenn du deine persönliche Meditationstechnik bereits gefunden hast, ist das wunderbar.

Wenn du noch auf der Suche bist, lade ich dich dazu ein, einfach mal die folgende Variante auszuprobieren.

Du findest übrigens auch Meditationen auf meiner Website. Klick doch einfach mal rein, wenn du Inspirationen suchst.

. . . .

Affirmations-Meditation

Suche dir am besten ein gemütliches Plätzchen, an dem du ungestört entspannen kannst. Lies bitte die Anleitung einmal komplett durch, bevor du loslegst. Dann kannst du die Meditation in Ruhe genießen, ohne ständig das Buch zurate ziehen zu müssen.

Wenn du loslegen möchtest, schließe dazu ruhig die Augen.

Atme einmal tief ein und spüre, wie wohltuend es ist, wenn die einströmende Luft deine Bauchdecke anhebt und sich dein Brustkorb weitet.

Atme auf die Art und Weise mehrmals tief ein und lasse die Luft beim Ausatmen ganz ausströmen.

Wichtig ist, dass du deinen persönlichen Atemrhythmus findest, bei dem du dich wohlfühlst und dich tiefer und tiefer entspannen kannst. Manchen hilft es, jeweils beim Ein- und Ausatmen bis zu einer bestimmten Zahl zu zählen.

Du kannst dabei in Gedanken zu dir selbst sagen: „Ich lasse alles los, was gerade um mich herum geschieht. Mit jedem Atemzug werde ich ruhiger und gelassener." Wenn es dir hilft, kannst du dir vorstellen, wie du einen Luftballon aufbläst. Auf ihm ist groß das Wort „Gedanken" geschrieben. Mit jedem Mal Ausatmen und Reinpusten wird er größer und größer. Du nimmst ihn vom Mund, schließt ihn aber nicht mit einem Knoten. Du lässt ihn durch die Luft sausen, bis er immer weiter schrumpft. Und mit ihm werden deine Gedanken kleiner und kleiner, und sie fliegen immer weiter davon.

Manche Menschen stellen sich dabei vor, dass sie – mit geschlossenen Augen – auf einen Punkt zwischen ihren Augenbrauen blicken. Das ist ein sehr wichtiger Punkt. Er wird auch das Dritte Auge genannt und wird noch für eine spätere Übung relevant sein.

Fühle nun tief in dich hinein. Erlaube dir, eine Zeit lang das Gefühl der inneren Ruhe und Zufriedenheit zu genießen, das deinen Körper durchströmt.

Wenn du spürst, es ist der Moment gekommen, dann pflanze die neuen Affirmationen ein, indem du sie dir laut vorsagst. Wieder und wieder.

Wenn du möchtest, ist hier Platz, sie dir vor der Meditation für den jeweiligen Bereich in deinem Leben zu notieren.

Meine Power-Affirmation:

Meine Gesundheits-Affirmation:

Meine Erfolgs-Affirmation:

Meine Reichtums-Affirmation:

Meine Liebes-Affirmation:

Hilfreich ist es wie gesagt, wenn du sie immer wieder laut vor dich hinsagst, wie ein Mantra. Auf die Art und Weise werden sie besonders gut vom Unbewussten aufgenommen.

Fühle und horche im Anschluss noch ein paar Minuten in dich hinein. Denn möglicherweise ist nun auch der Zeitpunkt, Botschaften vom Unbewussten zu empfangen.

Wenn du findest, es ist an der Zeit, lasse die Meditation langsam ausklingen.

Nimm dir noch einen Augenblick Zeit, um bewusst den Moment der Stille und inneren Freude zu genießen. Zur gleichen Zeit macht sich dein unbewusster Verstand schon fleißig daran, das Erfahrene an den für dich passenden Ort zu packen.

Glückwunsch, du hast dein neues Denkweisen-Update ins Rollen gebracht!

Es ist vollkommen okay, wenn du danach einfach friedlich und selig einschlummerst. Solltest du morgens meditieren, kurz bevor du aufstehst, komme mit jedem Atemzug mehr und mehr ins Hier und Jetzt zurück. Du spürst mit jedem Atemzug, wie du wacher wirst und die Energie mehr und mehr deinen Körper durchströmt. Wenn du so weit bist, öffne langsam deine Fenster zur Welt in deinem persönlichen Tempo. Komme nun mit einem strahlenden Lächeln im Gesicht ins Hier und Jetzt zurück! Das wird dein powervoller Erfolgs-Tag!

Puzzleteil Nummer zwei:

INNEREN REICHTUM LEBEN ODER: I WIE IDEALE, WERTE, TRÄUME, ZIELE

WIE DU DEIN LEBEN ZUM SCHMUCKSTÜCK FORMST

Du kannst dich glücklich schätzen: Nun hast du das erste Puzzleteil bereits gemeistert! Du hast Strategien kennengelernt, wie du dich innerlich von deinen Ängsten und Zweifeln reinigen kannst. Und du bist deinem inneren und äußeren Reichtum in Siebenmeilen-Stiefel-Schritten nähergekommen. Das ist großartig! Sei stolz auf dich und feiere dich!

Nehmen wir uns nun das nächste Teil des Puzzles vor: Das I kann ebenfalls für Inneren Reichtum stehen. Innerer Reichtum bedeutet aber für jeden etwas anderes. Eine große Rolle spielen unsere persönlichen Vorstellungen vom Leben. Sie haben mit unseren individuellen Idealen und Werten zu tun. Was ist dir wichtig? Aus der Antwort auf diese Frage nähren sich unsere Träume und Ziele.

Welche Herzenswünsche möchtest du leben?

Wir haben viele Wünsche im Leben. Manche sind eher flüchtig und verfliegen wieder. Manche sind aber echte Herzenswünsche. Sie sind es, die unser Leben beflügeln. Für sie brennen wir. Würden sie unerfüllt bleiben, würde sich unser Leben wie eine komplette Themaverfehlung in einem Deutschaufsatz anfühlen. Das durchzieht alle Lebensbereiche. Daher gilt es, sich die Mühe zu machen und jeden einzelnen Bereich im Leben zu durchkämmen, wenn wir unser Leben nach unseren wahrlichen Wünschen ausrichten und uns auf allen Ebenen von einem Lebensgefühl des inneren Reichtums durchströmen lassen möchten. Alles, wonach wir uns sehnen, kann – ja, muss sogar! – in unserem Leben eintreten. Die Voraussetzung ist, dass wir es uns wirklich von ganzem Herzen wünschen und es wahrhaftig zu uns passt und mit unseren Werten übereinstimmt. Das fängt bei den kleinen Gewohnheiten an, die wir ändern möchten. Das mag der Wunsch sein, mehr Sport zu treiben, um eine knackigere Figur zu bekommen und das Energielevel anzuheben. Manch einer möchte weniger Alkohol konsumieren oder gesünder essen. Die Bandbreite reicht bis hin zu den ganz großen Lebenszielen, wenn alles im Leben absolut rund läuft und in perfekter Harmonie ist.

Dazu zählen in meiner Welt vor allem eine glückliche Partnerschaft und ein zauberhaftes Kind. Das ist übrigens mein größter Reichtum auf der inneren Ebene der Liebe, des Glücks und der Erfüllung. Neben meiner kleinen heilen Familienwelt gehören für mich auch die weitere Familie und die Freunde dazu, die Geborgenheit, tiefstes Glück, Lachen, Freude und Halt schenken. Natürlich geht nichts ohne die rundum strotzende Gesundheit. Und wer möchte nicht im Spiegel seine für sich persönlich definierte Wohlfühlfigur bewundern? Hierbei zeigt sich einmal mehr, dass sich innerer Reichtum im Außen manifestiert, sprich: Wenn ich mich bedacht ernähre und Sport treibe, fühle ich mich innerlich wohl. Das zeigt sich direkt in meinem äußeren Erscheinungsbild. Ich habe eine Figur, mit der ich mich wohlfühle, und ein strahlendes Auftreten. Innerer und äußerer Reichtum gehen also immer Hand in Hand.

Wichtig für mein gutes Lebensgefühl ist zudem uneingeschränkter Wohlstand, den mir keiner wegnehmen kann, etwa durch den Verlust des Arbeitsplatzes. Vielmehr möchte ich meinen Wohlstand durch meinen inneren Reichtum, also mein Wissen, meine Kreativität und mein Talent in einer Aufgabe nachhaltig sichern, die mir, aber auch anderen Erfüllung bringt.

Ideal ist es, wenn wir in dem, was wir tun, vom sogenannten „Flow-Effekt" beflügelt werden. Denn der sorgt dafür, dass sich die Arbeit sozusagen von selber erledigt. Und natürlich sollte das daraus erzielte Einkommen unseren gewünschten Lebensstil ermöglichen.

So viel zu mir. Wie sieht es bei dir aus? Was sind deine „kleinen" Wünsche? Möchtest du eine neue Sportart lernen? Steht auf deiner Wunschliste, mehr Zeit mit deinen Freunden, deinem Partner oder deinem Kind zu verbringen oder dir selbst mehr Zeit zu schenken? Und was sind deine lang gehegten Ziele? Träumst du davon, dein Hobby zum Beruf zu machen? Vielleicht ist es dein sehnlichster Traum, als begnadete Tänzerin oder als Popstar die Bühnen der Welt zu erobern? Oder in einem Wohnmobil die Länder dieser Erde zu erkunden? Alles, was dir wirklich am Herzen liegt, ist für dich möglich! Die heutige Zeit bietet die besten Chancen und einfachsten Zugangswege, die es vor einigen Jahrzehnten ohne Internet und Co. noch gar nicht gegeben hat. Das muss man sich mal auf der Zunge zergehen lassen!

„Dein Leben ist ein Edelstein – forme es zu einem einzigartigen Schmuckstück!"

So, und jetzt bist du an der Reihe: Was genau ist dir wichtig im Leben? Was sind deine Wünsche? Und wie sehen deine großen Lebensziele aus? Wann genau hat sich dein Gefühl von innerem Reichtum eingestellt? Und wie sieht deine persönliche Definition von Wohlstand aus?

Um das herauszufinden, braucht es natürlich ausreichend Zeit. Schenke sie dir selbst für die folgende Traumreise. Mein Tipp: Da manche Ziele sich erst im Laufe der Zeit entwickeln, macht es Sinn, die Übung immer wieder einmal durchzuführen. Und vor allem habe ich festgestellt: Je mehr ich an meiner Persönlichkeit arbeite, desto mehr tun sich für mich ganz neue, bislang völlig ungeahnte Möglichkeiten und dadurch Ziele auf, von denen ich bislang nie zu träumen gewagt hätte. Aber das wirst du bestimmt selbst feststellen, wenn du mit den vorgestellten Tools in diesem Buch arbeitest.

. . . .

Traumreise – So formst du dein Leben zum Schmuckstück

Versuche dir zunächst einmal für die folgende Übung vorzustellen, du lebst bereits dein Traumleben – mit allem Drum und Dran. Tu einfach mal so, als ob.

Suche dir dafür wie immer ein ungestörtes Plätzchen, an dem du dich richtig wohlfühlst und du gut abschalten und träumen kannst.

Wenn es hilft, lade ich dich ein, dazu ruhig die Augen zu schließen.

Atme ein paar Mal tief ein und aus.

Wir gehen nun gemeinsam auf eine Zeitreise. Wir reisen zu einem Moment in deiner Zukunft. Stelle dir dazu vor, wie du barfuß über eine Wiese läufst. Du spürst das Gras unter deinen Füßen. Mit jedem Schritt, den du gehst, wirst du entspannter und kannst alles um dich herum mehr und mehr ausblenden. Du fühlst die Wärme der Sonnenstrahlen auf deiner Haut und merkst, wie du dich immer leichter fühlst. Denn alles, was dich eben noch beschäftigt hat, kannst du nun loslassen.

Du entdeckst plötzlich einen Heißluftballon. Du kletterst in den Korb und fühlst dich gleich ganz wohl, sicher und geborgen. Der Ballon steigt auf, und mit jedem Höhenmeter, den du unter dir lässt, fühlst du dich immer leichter. Du schwebst über zauberhafte Orte und Landschaften. Alles unter dir sieht aus wie im Miniaturformat. Plötzlich kommst du in einem Moment in deiner Zukunft an. Es ist ein ganz normaler Tag. Aber alles ist genau so, wie du es dir immer schon erträumt hast.

Lass deinen Blick umherschweifen. Achte auf jedes Detail. Wie sieht ein ganz normaler Tag in deinem Traumleben idealerweise aus? Vielleicht ist es auch eine aus deinem neuen Leben gegriffene Szene in einem bestimmten Bereich, wie etwa deine Partnerschaft. Male dir das aus – und zwar in den buntesten und knalligsten Farben.

Vielleicht siehst du deine Vorstellung als kleine Filmsequenz wie auf einer Art Kinoleinwand vor deinem inneren Auge ablaufen.

Versuche einmal, wie es sich anfühlt, wenn du in den Film „einsteigst". Das heißt: Probiere einmal, in die Person, die dich in deinem Kinofilm darstellt, hineinzuschlüpfen und tu so, als wärst du live dabei – mitten in der Szene drin.

Du kannst dir nun alles aus deinen eigenen Augen heraus ansehen.

Schau dich einmal um, was es hier genau zu sehen gibt.
• Vielleicht umgeben dich Geräusche?
• Hörst du innere oder äußere Stimmen?
• Ist da etwas, was du in dir oder auf deiner Haut spüren kannst? Wie fühlt es sich an?

- Liegen Gerüche in der Luft? Schnupper einmal, welche das sind.
- Möglicherweise schmeckst du dein neues Leben? Wonach schmeckt es genau?
- An welchem Ort befindest du dich, wenn du dein ideales Leben lebst?
- Wer ist um dich?
- Wie malst du dir ideale Partnerschaft aus?
- Vielleicht wünschst du dir Kinder. Sollte das der Fall sein: Wie viele kleine, herzhaft lachende Racker wuseln um dich herum?
- Was machst du genau in deinem Traumleben?
- Was machst du generell gerne an deinem Tag in der Zukunft? Vielleicht tut sich da ein Weg auf, damit Geld zu verdienen?
- Wie sieht dein Traumberuf aus?
- Welche Talente, Stärken und Kraftquellen stecken in dir, die dir dabei helfen können?
- Mit welchem Gehalt fühlst du dich wohl? Und passt es zu deinem angestrebten Lebensstil?
- Was ist dir wirklich wichtig im Leben?
- Was genau macht dich glücklich?
- Wann fühlst du dich rundum pudelwohl in deiner Haut?
- Welche Eigenschaften möchtest du die deinen nennen? Möchtest du als liebevoll und hilfsbereit gelten? Aber dennoch nicht ausgenutzt werden? Möchtest du respektiert werden? Wie möchtest du gerne sein?
- Stelle dir die ganz entscheidende Frage: Wer möchtest du sein?

• Wie vollendest du den Satz „Ich bin ...“?

• Vielleicht gibt es eine Vision, die dein Leben beflügelt?

• Welche Mission könnte sich daraus ableiten?

Genieße den Augenblick noch einmal, und sieh dir deinen Moment oder Tag im Leben in deiner Zukunft noch mal genau an. Frier dir diese Situation ruhig ein. Betrachte das Bild nun aus der Vogelperspektive. Gibt es etwas, was du daran verschönern möchtest? Lass es ruhig größer oder bunter erscheinen. Gestärkt durch das Vertrauen in deine verheißungsvolle Zukunft steigst du wieder in den Korb des Heißluftballons. Du schwebst eine Weile über wundersame Landschaften und Orte, bis der Heißluftballon wieder zu sinken beginnt. Du siehst, wie die Umrisse der Häuser und Bäume sich klarer abzeichnen. Sanft landest du wieder auf der Wiese. Du kletterst aus dem Korb und entfernst dich vom Ballon, und mit jedem Schritt, den du über die Wiese läufst, kommst du mehr und mehr ins Hier und Jetzt zurück. Du bist nun wieder geborgen und gut auf deinem bequemen Wohlfühlplatz in deinem Zuhause angekommen. Nimm dir die Zeit, das Erlebte an den richtigen Ort zu packen. Atme ein paar Mal tief ein und aus. Wenn du dich bereit fühlst, öffne deine Fenster zur Welt.

Schenke dir bitte ruhig viel Zeit, um das Erlebte festzuhalten. Schreibe alle Ziele auf, die sich in dem durchlebten Moment oder Tag in deiner Zukunft herauskristallisiert haben. Durchleuchte jeden Lebensbereich. Hole dein Notizbuch gerne immer wieder hervor und vervollständige die Punkte zu den kleinen Wünschen genauso wie zu den großen Träumen, wann immer sie dir in den Sinn kommen. Oftmals kann das während der Meditation oder kurz vor dem Einschlafen sein. Daher ist es praktisch, dein Notiz-Journal immer griffbereit in der Nähe zu haben. Du kannst dich übrigens auch von mir durch diese Traumreise führen lassen. Die Datei findest du auf meiner Website *www.christina-isabella-kaiser.de*.

Was ich dir gerne noch ans Herz legen möchte: Nur wer ein Ziel festgelegt oder definiert hat, kann es auch erreichen. Andernfalls ist es, als ob du mit einem schnellen Sportflitzer auf der Autobahn Vollgas gibst, aber gar nicht weißt, welche Ausfahrt du eigentlich nehmen musst. Was würde passieren? Der Sprit würde sich irgendwann dem Ende zuneigen, und du würdest irgendwo inmitten der Pampa am Standstreifen liegen bleiben. Aber „irgendwo inmitten der Pampa am Standstreifen liegen bleiben" – das hört sich doch nach keiner guten Option an. Es würde doch keinen Sinn im Leben machen, oder?

Bevor wir uns also voll und ganz deinen detaillierteren Zieldefinitionen widmen können, möchte ich dir in der folgenden Übung noch einen mächtigen Unterstützer auf dem Weg dorthin vorstellen. Dabei schlagen wir gleich zwei Fliegen mit einer Klappe. Denn die Übung ist im ersten Schritt zunächst einmal wichtig, um deine Ziele klarer werden zu lassen.

💡 Übung
Lasse die Macht der Bilder walten

Du hast bereits die Kanäle kennengelernt, über die du am besten mit deinem Unbewussten in Kontakt treten kannst, und gelernt, wie du ihm unterstützende Affirmationen am nachhaltigsten einpflanzen kannst, um dein Leben in die gewünschte Richtung zu lenken. Hier sind sie noch mal zur Erinnerung:

Gewünschtes stets wiederholen und laut aussprechen
Auf Kärtchen oder Zettel schreiben
Körperliche Signale einsetzen

Nun lernst du einen weiteren Kommunikationskanal kennen: Der unbewusste Verstand ist ein Fan von Bildern! Bilder, Symbole und Filme sind die Art der Kommunikation, die er am besten versteht. Denn es bedarf bei einem Bild keiner langen Erklärungen – der unbewusste Verstand weiß sofort, was Sache ist.

Jedes Bild, das wir wiederholt vor unserem inneren Auge sehen oder vor unser inneres Auge stellen, sprich, das wir uns vor-stellen, das möchte sich in unserem realen Leben verwirklichen. Daher gehört die Imagination oder Visualisierung zu einem der mächtigsten Werkzeuge im Mentaltraining. Unser Gehirn kann nicht unterscheiden, ob wir eine Situation tatsächlich im wahren Leben erlebt haben oder ob wir sie uns lediglich in unserer inneren Welt vorgestellt haben. Entscheidend ist: Vereinfacht gesagt macht sich das Unbewusste brav daran, das Vorgestellte wahr werden zu lassen. Wenn du also etwas in dein Leben ziehen möchtest: Lasse die Macht der Bilder walten!

Dazu möchte ich dich zu einer kleinen Übung einladen:

Vor einiger Zeit waren meine Familie und ich in Frankreich. Dort hatte ein Franzose eine pfiffige Idee: Die fensterlose Fassade seines zweistöckigen Hauses bot eine große Freifläche. An lauen Sommerabenden funktionierte er sie daher kurzerhand als Leinwand für sein Open-Air-Kino um. Ich lade dich nun ein, dich auf eine Traumreise zu begeben. Wenn du möchtest, kannst du dazu ruhig die Augen schließen.

Stell dir vor, du sitzt mit einem erfrischenden Getränk in der Hand in einem Liegestuhl. Der pfiffige Franzose und seine Familie haben dich eingeladen. Sie möchten mit dir gemeinsam einen spannenden Kinofilm ansehen. Noch ist die Leinwand an seiner Hausfassade leer. Der Beamer geht an, und schon erscheint darauf ein Bild. Es ist das Bild eines schönen Strandes an der französischen Atlantikküste. Die Sonne scheint. Überall flattern bunte Sonnenschirme und Lenkdrachen im Wind. In den meterhohen Wellen tummeln sich die Surfer. Zwischen den beiden blauen Flaggen planschen vergnügt die Schwimmer. Vielleicht kannst du nun ein Bild vor deinem inneren Auge sehen? Oder spielt sich gar eine kurze Filmsequenz ab? Herzlichen Glückwunsch, dann hast du schon einmal das Zeug zum Visualisieren!

Anstatt des wunderschönen Traumstrandes kannst du natürlich jedes x-beliebige Bild in Erscheinung treten lassen. Der Clou ist, das für deine Zielerreichung zu nutzen: Es kann dein Bild sein, das zeigt, was du in deinem Leben verwirklicht haben möchtest! Du hast die Möglichkeit, es bewusst in Erscheinung treten zu lassen!

. . . .

💡 Übung
Warm-up-Übung fürs Ankern

Nehmen wir zum Warm-up einmal an, du hast den Traum, mit dem Surfbrett über die Wellen zu reiten. Dann versuche, dir das auf deiner inneren Kino-Leinwand bildlich vorzustellen! Wenn du dich dabei von außen beobachtest, dich also auf dem Surfbrett aus einer Art Beobachterperspektive siehst, ganz so, also ob du eine Postkarte betrachtest, auf der du zu sehen bist, dann nennt man das im Fachjargon „dissoziieren".

Es geht aber noch viel mehr: Wenn du nun einmal in die Rolle von „dir" schlüpfst und die Szene auf dem Surfbrett aus deinen Augen siehst, dann bist du voll drin im Geschehen, ganz so, als ob du es gerade hautnah erlebst. Du bist dann „assoziiert". In diesem Zustand kannst du – wenngleich nur in deiner Vorstellung – auch Gefühle nachempfinden. Vielleicht kannst du die Kraft und Energie der Wellen spüren, die langsam anrollen. Vielleicht fühlst du die Strömung, die an jeder Faser deines Körpers zerrt. Wenn du schon mal surfen warst oder auch nur Videos davon gesehen hast: Gehe einmal im Geist die Bewegungsabläufe durch. Spanne dafür ruhig wirklich die Muskeln an – selbst wenn du gerade im Bett liegst und dir das Ganze nur vorstellst. Spüre das unglaublich erfüllende Gefühl der Energie, wenn die Welle dich mitnimmt, du mit ganzer Körperspannung den Oberkörper hochdrückst, zum Take-off ansetzt und dann auf die Beine kommst, um in Richtung Beach zu reiten.

Vielleicht kannst du sogar das Salz auf deinen Lippen schmecken. Hörst du die Wellen auch rauschen? Und gibt es etwas, das du riechen kannst? Den Sunblocker auf deiner Haut oder das Meerwasser?

Danke, dass du dir die Zeit für diese Warm-up-Übung genommen hast. Wie war das für dich? Das alles ist nicht nur wichtig für die nächste Übung, sondern vielmehr ist es die Grundlage für die nächsten Kapitel. Darin zeige ich dir, wie du dich mithilfe eines sogenannten Ankers nicht nur auf Knopfdruck in einen guten Zustand versetzen kannst. Dieses mächtige NLP-Tool kannst du zugleich einsetzen, um dich deinen Zielen und dem Lebensgefühl von innerem Reichtum näherzubringen. Aber alles der Reihe nach. Nun hast du schon die wichtigsten Techniken zur Hand, die es dir ermöglichen, für jeden einzelnen Bereich deines Lebens deinen persönlichen Film auf diese Art und Weise zu drehen.

 Übung
Klappe, die erste: Das Drehbuch für dein Traumleben

Analog dazu möchte dich nun einladen, dein eigenes Lebens-Movie zu drehen. Das Ganze nennt man im Fachjargon wie gesagt Visualisieren. Es ermöglicht dir, gedanklich mithilfe deiner Vorstellungskraft einen Film vor deinem inneren Auge zu drehen. Der kann ganz so aussehen, wie du dir wünschst, dass dein Leben verlaufen soll. Vielleicht hast du das ja bereits in groben Zügen bei der Traumreise getan, in der du dein Leben zum Schmuckstück gestaltet hast. Lass uns nun einen Schritt weiter gehen. Suche dir einen konkreten Bereich aus deinem Leben heraus. Es kann dein aktuell sehnlichster Wunsch sein. Es kann einer der Lebensbereiche sein, die du verändern möchtest. Es kann aber auch dein ganz großes Lebensziel, deine Vision, sein.

Versuche dir nun vorzustellen, wie dieser aktuell sehnlichste Wunsch oder gar dein großes Lebensziel einmal aussehen soll. Führe Regie und dreh dein eigenes Movie darüber! Du bist aber nicht nur der Regisseur und der Kameramann, der den Film konzipiert und durch das Kamera-Objektiv betrachtet. Du bist viel mehr: Und zwar bist du der Hero, die Hauptfigur!

Stelle dir dazu vor, dein aktuell größtes Ziel wäre bereits eingetreten.

Lass deinen Blick umherwandern. Nimm jedes noch so kleinste Detail wahr, das dir ins Auge fällt.

Nun lade ich dich ein, mit allen Sinnen komplett in deinen eigenen Film einzutauchen. Versuche einmal in die Rolle von „dir" zu schlüpfen. Sieh dich nun noch einmal um und betrachte die Szene aus deinen Augen. Du bist jetzt mittendrin im Geschehen, ganz so, als ob du es gerade hautnah erlebst.

Welche Gefühle kannst du empfinden?
Bewegst du dich? Kannst du die Bewegungen nachempfinden? Sind sie schnell oder langsam?
Welche Geräuschkulisse begleitet deinen Film? Gibt es eine Film-Musik? Ist sie sanft und wohlklingend? Oder eher actiongeladen und puschend?
Anders als im echten Kino ist es in deinem Movie möglich, zu schmecken und zu riechen! Also: Wonach schmeckt dein Ziel? Und mit welchem Duft ist es verbunden? Genieße diesen Zustand!

Auf diese Art und Weise kannst du dir jeden einzelnen Wunsch, aber auch ganze Bereiche in deinem Leben vorknöpfen.

Diese Übung war ein sehr wichtiger Schritt in dein neues Wunschleben. Vielleicht ist dir nun schon in einigen Bereichen deines Lebens klar geworden, was du wirklich willst und was vor allem maßgeschneidert zu dir passt.

Denn: Das Leben ist immer ein Maßanzug, der nur auf dich perfekt zugeschnitten ist!

· ·

DEIN HERZENSZIEL AUF DEM PRÜFSTAND

So, und nun Hand aufs Herz: Was hat sich bei deinem Wunsch- und Ziel-Brainstorming und den Movies als allerwichtigster Herzenswunsch – oder man könnte auch sagen: Hauptziel – herauskristallisiert?

Aus meiner Sicht der Welt ist das der Zustand, wenn alles erreicht und perfekt ist, ich rundum glücklich bin und frei von jeglicher Angst und Sorge. So sieht mein Lebensgefühl in allen Bereichen aus. Oder anders gesagt: Wahrer Reichtum bedeutet für mich, meine Träume tatsächlich zu leben – und das ist es auch, was ich unter innerem Reichtum verstehe. Das zeigt sich naturgemäß in äußerem Reichtum.

Wie sieht deines aus? Wenn dein Hauptziel so aussieht, dass du auf einer Südseeinsel Milch aus Kokosnüssen schlürfst, während dein Konto prall gefüllt ist, dann kann ein Etappenziel auf dem Weg dorthin ein toller Job als Geschäftsführer eines großen Konzerns sein. Den gilt es dann aber erst einmal einige Jahre auszuüben, um das nötige Kleingeld zusammenzusammeln. Was aber, wenn ein Führungsposten absolut nicht dein Ding ist, weil du Druck und Stress abgrundtief hasst? Hast du das mal mit dem Punkt „Was macht mich glücklich?" abgeglichen? Fühle da bitte einmal in dich persönlich hinein, ob dein Ziel mit deinen Werten konform geht.

Vielleicht macht es dir eher Freude, Gäste mit außergewöhnlichen Kreationen zu verwöhnen. Warum also nicht ein kleines, aber feines Gästehaus oder Boutique-Hotel auf der Insel eröffnen? Möglicherweise hast du eine kreative Ader, bist abenteuerlustig und liebst Freiheit über alles. Wie wäre es dann, mit einem Wohnmobil um die Welt zu cruisen und deine Leser über einen spannenden Reiseblog mit wertvollen Insider-Tipps daran teilhaben zu lassen? Oder du betreibst einen Online-Shop, über den du gesunde Kokosnuss-Produkte in die ganze Welt vertreibst. Das ermöglicht es dir, zwei Fliegen mit einer Klappe zu schlagen und dein eigentliches Herzensziel eventuell schon viel früher zu leben.

Dieses Herzensziel gibt dir wiederum Hinweise, wie deine Etappenziele aussehen können oder auch unter Umständen aussehen müssen, je nachdem, ob sie Voraussetzungen für dein Hauptziel sind.

Fühle doch bitte noch einmal in jedes notierte Ziel hinein. Wenn du ein wohliges Kribbeln verspürst, dann hat dir dein unbewusster Verstand dafür grünes Licht gegeben.

Wie du siehst, gibt es unheimlich viel Designbedarf in unserem Leben. Frage dich jedoch bei jedem Wunsch oder Ziel, was für dich wirklich zählt. Fühle tief in dich hinein. Das Gute ist: Dank deiner Vorstellungskraft kannst du dein Traumleben in den Lebens-Movies quasi „probeleben". Das ist ein bisschen vergleichbar mit Virtual Reality. In der Immobilien- und Einrichtungsbranche ist es bereits seit einiger Zeit gang und gäbe, mit dreidimensionalen Präsentationen zu arbeiten. Sie ermöglichen es den Interessenten etwa, einen virtuellen Rundgang durch das neue Zuhause zu machen. Auf die Art und Weise haben sie die Möglichkeit, eine Immobilie bequem von ihrem Sofa zu Hause aus zu besichtigen – sie müssen dazu nicht einmal ins Auto steigen. Es eröffnen sich aber noch weitere Möglichkeiten: Beispielweise können angehende Immobilienbesitzer mithilfe von Virtual-Reality- oder 3D-Brillen in der künftigen Küche oder in den frisch gestalteten Räumlichkeiten mit den gewählten Ausstattungsdetails sozusagen probenwohnen – wenngleich nur rein virtuell, versteht sich. Dabei bekommen sie ein Gefühl, wie es sich im künftigen Zuhause einmal wohnen lässt. Der Vorteil: Wenn beispielweise der dunkle Parkettboden im Wohnbereich drückend wirkt, lässt er sich ganz leicht noch in einen helleren Ton abwandeln – und das, ohne dafür den kompletten Bodenbelag noch einmal tatsächlich herausreißen zu müssen. Das würde naturgemäß niemand machen.

Wenn du also in deiner Vorstellung probelebst, achte auf viele Kleinigkeiten und Details. Wenn es sich dann immer noch gut anfühlt, deine Zehen wackeln und du richtige Vorfreude darauf verspürst, dann ist das ein Hinweis von deinem unbewussten Verstand, dass du den richtigen Weg in Richtung deines Lebensgefühls von innerem Reichtum eingeschlagen hast.

TIPP: MIT DER COLLAGE AB ANS ZIEL!

Bestimmt hast du deine Affirmationskärtchen an deinen Lieblingsplätzen in Haus oder Wohnung verteilt. Nutze die geballte Wirkungspower, indem du ein Foto von deinem Ziel neben dem Kärtchen mit deiner neuen positiven Denkweise anbringst.

Beispiel gefällig? Aber bitte sehr: Du wünschst dir sehnlichst eine Top-Figur? Dann kann es helfen, das Bild von einem Model mit deiner Wunschfigur zum Beispiel aus einer Zeitschrift auszuschneiden. Bringe es nun an einem prominenten Ort in deinem Zuhause an.

Du bist eine kleine Naschkatze oder ein süßer Naschkater und schleichst oft um den Kühlschrank herum, um nach Leckereien Ausschau zu halten? Prima, dann kann das dort angebrachte Bild von deiner Wohlfühlfigur den Anreiz geben, schnurstracks wieder auf dem Absatz kehrtzumachen.

Ausgenommen natürlich, du kommst gerade von der Arbeit oder dem Sport und hast wirklich Kohldampf! Aber bitte wähle ein Model mit einer Figur, die auch zu dir passt. Schließlich fühlt sich jeder mit anderen Maßen wohl. Und natürlich ist nebenbei erwähnt noch allerhand dazuzutun, um eine tolle Figur zu bekommen beziehungsweise um sie zu erhalten. Der Königsweg dorthin ist meiner Erfahrung nach der Dreiklang aus einer Sportart, die Spaß macht und Ausdauer wie Muskeln beansprucht, gesunder Ernährung, die zu einem passt (und Spaß macht) sowie ausreichend Entspannung. Näheres dazu hast du ja bereits weiter vorne im Buch bei den ersten drei Detox-Tipps erfahren.

Lass mich zurück zum Thema Collage kommen. Ich möchte dir ein Beispiel nennen, wie mächtig die Kraft der Bilder sein kann: Jedes Jahr erstellen mein Mann und ich zwei überdimensionierte Collagen. Eine ist für unsere kurzfristigen Wünsche und Ziele. Sie können in den nächsten Wochen und Monaten realisiert werden. Auf der zweiten Collage ist Raum für unsere längerfristigen Visionen – dazu zähle ich all das, was wir einmal im Leben erlebt und erreicht haben möchten. Das kann in den nächsten Jahren eintreten.

Dafür schnappen wir uns zum Beispiel richtig große ausgediente Kalenderblätter im DIN-A2-Format. Wir kleben die Blätter sogar an den Kanten zusammen, um eine noch größere Präsentationsfläche zur Verfügung zu haben. Es kann natürlich auch ein sehr großes Bild mit hübschem Rahmen sein.

Im nächsten Schritt machen wir uns fleißig daran, Fotos aus Magazinen und Zeitschriften auszuschneiden.

Für unsere letzte Collage haben wir beispielsweise Bilder von tollen, superleichten Mountainbikes oder einer neuen Uhr aus dem Katalog aufgeklebt. Sie repräsentieren unsere materiellen Must-haves und Anschaffungen, die wir in den nächsten Wochen tätigen möchten. Ein Unterwasserfoto von unserer letzten Schnorchel-Reise, bei der wir in die Stille und Schönheit des Roten Meeres abgetaucht sind, sollte uns beflügeln, diesen Zauber erneut erleben zu dürfen. Genauso haben wir unsere job-technischen, aber auch spirituellen Ziele verbildlicht. Sie lassen sich gut mit Symbolbildern ausdrücken, etwa einem Aktienkurs, dessen Trend steil bergauf verläuft, oder einem meditierenden Buddha.

Dann gibt es noch die Visionen-Collage. Hier haben wir alles ausgeschnipselt, was wir uns für die nächsten Jahre in den verschiedenen Lebensbereichen gewünscht haben. Die Mitte dieser Collage ziert ein Foto von unserer Traumhochzeit. Gleich daneben habe ich vor meiner Schwangerschaft das Foto von einem kleinen, wunderhübschen blonden Jungen mit witzigen Löckchen geklebt, das ich in einer Eltern-Zeitschrift entdeckt hatte. Du darfst raten, wer gerade im Zimmer nebenan sein Mittagsschläfchen hält? Richtig. Mein kleiner, wunderhübscher Sohn. Er hat lustige hellblonde Löckchen, ist zum Knuddeln süß und die größte Freude meines Lebens – vor allem, wenn er gerade mal nichts anstellt.

· ·

Collage: So geht's

Schritt eins: Bewaffne dich mit Zeitschriften, alten Fotos, Schere, Klebestift und einem großen, weißen Plakat. Die Rückseite eines ausgedienten DIN-A2-Kalenderblatt tut's wie gesagt auch.

Schritt zwei: Frage dich selbst: Was sind deine kurzfristigen Wünsche und Ziele? Das mögen das superleichte Mountainbike oder auch die zugehörige Alpenüberquerung by bike sein, bei der sich überflüssige Pfunde abstrampeln lassen. Das mag die Meditations-CD sein, um zu innerer Ruhe zu kommen. Vielleicht planst du in nächster Zeit ein Gehaltsgespräch mit deinem Chef? Oder du bist Single und suchst nach deiner Traumfrau oder Mister Right: Wie könnte dein Traumpartner wohl aussehen? Auf der Collage haben nun alle kurzfristigen Ziele Platz – eben alles, was auch immer du dir in nächster Zeit wünschst, was in deinem Leben eintreten soll.

Schreibe dir zunächst alles wie in einer Art Brainstorming auf. Geh die einzelnen Punkte dann noch einmal durch. Wenn es sehr viele sind: Frage dich, was die aktuell wichtigsten sind und was du eventuell auch hinten anstellen kannst. Wenn dir die Auswahl schwerfällt: Schreibe die Ziele je einzeln auf einen Zettel. Dann tu so, als ob du eines der Ziele an jemanden abgeben müsstest. Welchen Zettel würdest du zuerst abgeben? Und welchen danach? Am Ende dürften nur noch die Ziele in deiner

Hand sein, die dir wirklich am Herzen liegen. Wir haben diese Übung im Seminar gemacht – und ich war wirklich ganz erstaunt, was da am Ende übrig geblieben ist!

Schritt drei: Erstelle dir nun als Gedächtnisstütze eine Mindmap mit allen kurzfristigen Wünschen und Zielen, die auf den Zetteln in deiner Hand übrig geblieben sind.

Schritt vier: Suche für jeden Punkt das passende Bild in Zeitschriften oder Magazinen. Vielleicht hast du auch bereits ein Foto, das du nutzen kannst, etwa von einem Ort, an dem du bereits Urlaub gemacht hast und den du wieder bereisen möchtest.

Schritt fünf: Habe Spaß dabei und genieße den Prozess! Es geht um dein wunderbares Leben und all den Reichtum, den es dir zu bieten hat! Setzt das nicht immense Power in dir frei?

DER SCHALTER ZU MEHR GELASSENHEIT UND CO.

Bravo, gut gemacht! Mit der Collage hast du schon einmal einen visuellen Anker kennengelernt. Aber ich möchte dir noch weitere Werkzeuge aus dem „Mental-Werkzeugkoffer" vorstellen.

Jedes Mal, wenn ich Feigen esse, passiert bei mir Folgendes: Ich fühle mich in eine einsame Bucht mit kristallklarem, türkis schimmerndem Wasser am Gardasee versetzt. Mein Mann und ich sind dort eines schönen Sommertages im August hingeschwommen. Wir wollten uns eigentlich nur kurz ausruhen und ein wenig von der Kraft der Sonnenstrahlen aufwärmen lassen. Was uns am Strand der kleinen Bucht erwartete, war ein Baum – satt behangen mit reifen Feigen. Wir kosteten von den köstlichen Früchten. Dann legten wir uns auf den Steg, der ins Wasser ragte, und genossen die Sonne auf unserer Haut, bevor wir uns wieder aufmachten, um zu „unserem Strand" zurückzuschwimmen, wo unsere Klamotten und Badetaschen auf uns warteten.

Zu Hause hat mir mein Mann dann ein Parfum geschenkt. Es duftet nach einer leichten Sommerbrise. Es ist derselbe Feigenduft, der einem an manchen heißen Tagen aus dem Garten des Ferienhauses, das wir am Gardasee bewohnen dürfen, in die Nase weht.

Jedenfalls versetzt mich seitdem der Duft dieses Parfums ebenso wie der Geschmack von Feigen immer zurück an diese wundervollen Tage am Gardasee.

Das ist für vereinfacht gesagt das Schema, nach dem ein Anker funktioniert. Ein spezieller Auslöser – in meinem Fall der Duft oder der Geschmack von Feigen – sorgt dafür, dass ich stets auf dieselbe Art und Weise reagiere, sprich: Ich werde dann immer gedanklich an diesen Strand am Gardasee versetzt und spüre die tiefe innere Zufriedenheit, die ich dort in mir hatte.

Bestimmt kennst du das auch! Wenn du zum Beispiel einen speziellen Rotwein trinkst, dann fühlst du dich vielleicht sofort in den Urlaub in Italien oder Griechenland – oder wo du eben damals so glücklich warst – zurückversetzt. Oder musst du bei einem gewissen Song an jemanden Speziellen denken?

Wenn also ein Auslöser mit einer bestimmten Reaktion oder einem Zustand verknüpft wird, dann ist das schon ein Anker! Der hat sich dann bei dir einfach so installiert. Es ist ein bisschen so, als ob jemand einen Knopf bei dir drückt und sich dann ein bestimmtes Programm in deinem Kopf abspielt, richtig?

Profis machen sich das Ganze bewusst zunutze. Sie „verkuppeln" sozusagen ganz bewusst einen Auslöser mit einer gewünschten Reaktion.

Damit lassen sich bestimmte Gefühlszustände wie beispielsweise Gelassenheit, Energie, Freude oder Mut abspeichern und quasi per Knopfdruck in bestimmten Situationen wieder aufrufen. Anker können dir den Alltag unheimlich erleichtern – und natürlich kannst du sie auch gezielt gegen Ängste einsetzen. Anker können dir außerdem dabei helfen, deine Ziele zu erreichen. Du kannst dir einen Anker von einem Profi setzen lassen. Es ist aber mit ein bisschen Übung auch möglich, sich einen solchen Anker selbst zu installieren.

Wie du das genau anstellst, zeige ich dir gerne in der folgenden Übung. Damit möchte ich dir das Gefühl von

Gelassenheit mitgeben. Denn das kann ja wohl jeder gut gebrauchen – nicht wahr?

. . . .

So installierst du den Schalter zu mehr Gelassenheit

Mein Tipp: Bevor du dich daran machst, selbst einen Anker zu installieren, lies bitte die folgende „Gebrauchsanweisung" zunächst in Ruhe komplett durch. Dann weißt du, welche Schritte zu tun sind, und du kannst den Anker in deiner Meditation ganz leicht selbst installieren.

Zunächst einmal ist es hilfreich, wenn du dir ein ruhiges Plätzchen suchst, an dem du dich absolut wohl und geborgen fühlst. Mache es dir also auf deiner Couch oder im Bett gemütlich.

Schritt eins: Zur Vorbereitung gehört es dazu, sich eine kleine Körperbewegung oder ein bestimmtes Zeichen auszudenken. Das wird der Reiz von außen sein, mit dem der gewünschte Gefühlszustand zunächst verbunden und später immer wieder wie auf „Tastendruck" ausgelöst werden kann. Das kann ein „Daumen-hoch"-Zeichen, ein unauffälliges Tippen auf eine bestimmte Körperstelle oder etwas Ähnliches sein. Erinnerst du dich? Dein unbewusster Verstand reagiert auf körperliche Signale!

Ideen für deinen Anker:

- Mache ein „Daumen-hoch"-Zeichen, um zum Beispiel ein gutes Gefühl zu verankern
- Führe beide Hände zum Herzen, etwa wenn es um Selbstliebe geht
- Drück dir im wahrsten Sinne des Wortes die Daumen, wenn du ein Erfolgsgefühl oder ein Ziel verankern möchtest
- Prinzipiell sollte ein Anker anderen nicht auffallen. Dennoch kannst du vor einer Präsentation, solange du noch alleine bist, zum Beispiel deinen Mut mit einer „Ich-schaffe-das"-Körperhaltung verankern, indem du die Arme in die Luft wirfst und übers ganze Gesicht strahlst.

Schritt zwei: Stelle dir nun eine Situation vor, in der du einmal ruhig und gelassen warst. Das kann etwa im letzten Urlaub am Strand oder auf dem Liegestuhl auf der Sonnenterasse einer Alm hoch oben in der tief verschneiten Bergwelt beim Skifahren gewesen sein.

Dazu darfst du natürlich gerne die Augen wieder schließen.

Hast du die Situation vor Augen? Okay, prima. Dann gucke dich einmal in Gedanken um. Was siehst du? Welche Details fallen dir auf? Ist es eher hell oder dunkel? Welche Farben kannst du sehen? Was machst du genau?

Betrachtest du dich von außen – also aus der Vogelperspektive? Dann versuche einmal, den Moment aus deiner

Erinnerung ein zweites Mal nachzuempfinden. Tauche dazu in die Situation ein, als wärst du mittendrin. Schlüpfe sozusagen „in dich hinein" und betrachte die Situation nun assoziiert aus deinen eigenen Augen heraus.

Was für eine Geräuschkulisse umgibt dich? Klingt das in deinen Ohren laut oder leise? Was kannst du fühlen? Spürst du, wie die Sonne deine Haut erwärmt? Merkst du, wie deine Muskeln sich langsam entspannen? Spürst du das Gefühl von tiefer innerer Ruhe? Atme ruhig tief ein und aus und genieße den Augenblick.

Vielleicht ist da etwas, was du schmecken kannst? Wie genau schmeckt es? Ist das süß oder salzig? Kannst du dir den Geschmack gedanklich auf deiner Zunge zergehen lassen?

Schnuppere einmal: Dringt dir möglicherweise ein bestimmter Duft in die Nase? Wie riecht das?

Nimm nun noch einmal einen tiefen Atemzug und spüre das Gefühl von tiefer Harmonie und absoluter Gelassenheit in dir. Jetzt versuche bitte, das Gefühl mehr und mehr wachsen zu lassen – geht das?

Schritt drei: Kurz bevor du spürst, dass das Gefühl von Gelassenheit an seinem maximalen Punkt angelangt ist – betätige den Schalter! Soll heißen: Führe das Zeichen für deinen Anker aus, das du dir zu Beginn überlegst hast.

Klasse! Du hast es geschafft!

Schritt vier: Um zu testen, ob die Installation geklappt hat, geh wieder aus der vorgestellten Situation heraus und denke an etwas komplett anderes. Was du heute zum Mittagessen getrunken hast oder wann du das letzte Mal deinen Rasen gemäht hast oder etwas in der Art.

Schritt fünf: Betätige den Schalter erneut: Wenn dann beim erneuten Auslösen der kleinen Körperbewegung das Bild vom Strandurlaub oder der Alm – oder was für eine Situation du dir auch immer vorgestellt hattest – vor deinem inneren Auge erscheint und sich das Gefühl absoluter Gelassenheit in deinem Körper ausbreitet, hat es auf Anhieb geklappt. Glückwunsch!

Das Ganze möchte natürlich immer wieder wiederholt werden. Betätigst du deinen persönlichen Gelassenheitsschalter in einer Situation kurz vor einem unvermeidlich erscheinenden Wutausbruch, sollte das innerliche Brodeln also im Idealfall mit einer Woge der Gelassenheit besänftigt werden. Der Gelassenheits-Anker kann dir auch deine Nervosität bei Vorstellungsgesprächen nehmen. Er bringt dich schnell in einen guten Zustand, wenn du Lampenfieber verspürst, etwa vor einem Vortrag oder einer Präsentation vor Kunden. Ich hatte früher wahnsinnig Bammel vor Vorträgen – und mein Gelassenheits-Anker hat immer wahre Wunder vollbracht.

Reminder: In fünf Schritten zum Anker

Schritt eins: Denke dir ein Zeichen aus, mit dem du ein Gefühl per Knopfdruck abrufen möchtest.

Schritt zwei: Versetze dich assoziiert in eine Situation, in der du das Gefühl, das du verankern möchtest, schon einmal erlebt hast.

Schritt drei: Kurz bevor das zu verankernde Gefühl am mächtigsten ist: ankern.

Schritt vier: Verlasse die vorgestellte Situation, denke an etwas anderes.

Schritt fünf: Probiere aus, ob der Anker installiert ist.

. . . .

DAS ÜBERFLIEGER-GEFÜHL
PER TASTENDRUCK

Genauso wie du Gefühlszustände wie Gelassenheit oder Mut verankern kannst, kannst du Ziele in dir verankern.

Stelle dir dazu einfach eine Situation vor, in der dein Ziel gerade dabei ist, sich zu verwirklichen oder das Gewünschte sogar schon eingetreten ist.

Wenn es etwa darum geht, einen bestimmten Erfolg zu erreichen, dann versuche, dich in eine Situation zurückzuversetzen, in der du bereits ein Erfolgsgefühl am eigenen Leib erlebt hast.

Wie fühlte es sich an? Hattest du ein Kribbeln in der Bauchgegend? Bestimmt hast du übers ganze Gesicht gestrahlt und jede Faser deines Körpers war von Glück, Energie und Dankbarkeit erfüllt.

Stelle dir nun die neue Situation vor, in der du dein Ziel erreichst. Versuche nun, das Erfolgsgefühl von damals in die neue Ziel-Situation zu transplantieren.

Lass deinen Blick in der neuen Ziel-Situation umherwandern:

• An welchem Ort befindest du dich gerade?
• Wer ist dabei?
• Jetzt streif dir deinen imaginären Erfolgsdress oder den Superhelden-Anzug über und schlüpfe wieder assoziiert in die Situation. Lass deiner Fantasie freien Lauf und tauche wieder vollkommen in die Situation ein – ganz so, als wärst du der Hero in deinem ganz persönlichen Erfolgs-Movie. Fühle dich in die Situation hinein, mit allen Sinnen und Fasern deines Körpers!
• Begleiten dich bestimmte Geräusche?
• Wie feierst du deinen Erfolg?
• Verwöhnt ihr euch mit etwas Leckerem oder gar Ausgefallenem? Kannst du dir den Geschmack deines Erfolges gedanklich auf der Zunge zergehen lassen?
• Wonach duftet für dich dein Erfolg?
• Wie fühlt sich dein persönlicher Erfolg an? Spür da mal ganz tief in dich hinein. Bade dich in diesem Gefühl von

Erfolg. Ja, das ist gut so. Und nun lass das Gefühl mehr und mehr wachsen.

Kurz vor dem Punkt, an dem du das Gefühl von Erfolg – oder was immer du mit deinem Ziel verbindest – am mächtigsten in dir spürst, setze bitte den Anker, der dir ab jetzt per Tastendruck dieses wunderbare Überflieger-Gefühl verleihen soll.

Jedes Mal, wenn du nun diesen „Anker abfeuerst", wie man es unter NLPlern sagen würde, sollte sich das intensive Gefühl aus deiner Zielsituation bei dir einstellen.

Du kannst deinem Ziel-Anker noch mehr Superkräfte verleihen, je mehr Sinneswahrnehmungen du als Auslöser auftreten lässt. Denkbar wäre, parallel dazu einen akustischen Anker einzusetzen, etwa indem du eine kurze Melodie summst, die du mit dem Erfolgszustand verbindest. Erinnerst du dich an meine Feigen-Geschichte? Auch ein Geschmack oder Geruch kann ein guter Auslöser sein – selbst wenn du ihn dir nur vorstellst.

Du musst dich also nicht mit Unmengen an Parfum- oder Rotweinflaschen bewaffnen, keine Sorge. Die Anker funktionieren in der Regel auch, wenn du dir den Geschmack oder Duft einfach nur vorstellst.

Du wirst merken: Je öfter du deine Knöpfe über den Tag verteilt drückst, umso wirkungsvoller werden sie. Dein unbewusster Verstand wird sich nun daran machen, dass du die Situation bald reell erlebst.

Aber Vorsicht: Es ist wichtig, dass du an das, was du dir vorstellst – also dein Endziel oder nennen wir es deinen aktuell sehnlichsten Wunsch, der bald zum Ziel werden soll – auch glauben kannst! Denn wie heißt es so schön in der Bibel:
„Wie ihr geglaubt habt, so soll es geschehen!"

Wenn es dein größtes Ziel ist, Millionär zu sein, du aber die geistige Überzeugung aus der Kindheit mit dir herumschleppst, dass das, was du anpackst, ja doch nix wird oder dass Geld verdienen hart und schwer ist, dann stehst du dir und deinem anvisierten Ziel damit im Weg. Denn dann ist das der Glaube, nach dem dir geschehen wird! Ist das der Fall, empfehle ich dir, unbedingt noch einmal zurückzublättern zum Kapitel „Gedankenmüll entrümpeln". Kannst du erkennen, wie wichtig das ist? Es kann nur klappen, wenn du alle Kraft und Energien in eine Richtung lenkst – sowohl auf der bewussten Ebene als auch auf der unbewussten! Nur dann weiß dein Kameramann, was er filmen soll!

ENDLICH OHNE ZWEIFEL: TRANSFOR-MIERE DEN ANGSTHASEN IN DIR!

Vielleicht kannst du dich erinnern? Ich habe dir ein paar Kapitel zuvor beschrieben, wie ich meinem unbewussten Verstand auf die Finger klopfe, wenn ich mich wieder einmal dabei erwische, dass ungewollte Zweifel, die negative Gedankenspirale oder hinderliche Denkweisen in mir aufsteigen möchten.

Dann hast du in einem der nächsten Schritte die wundervolle Macht der Affirmationen kennengelernt und weißt nun, wie du hinderliche Glaubenssätze durch zielführende Affirmationen ersetzen kannst. Ebenso haben wir uns gemeinsam das Visualisieren als mächtiges Werkzeug angesehen. Darüber hinaus weißt du jetzt ganz genau, wie dein Traumleben aussehen soll. All diese Tools sind für sich alleine schon hilfreich. Aber ich verrate dir etwas: Wendest du sie im Team an, können sie ungeahnte Power entwickeln!

Denn ich möchte mit dir teilen, was ich für mich entdeckt habe: Durch die Verknüpfung der einzelnen Techniken ist es mir gelungen, meinen Ängsten, Sorgen und Zweifeln weitgehend die rote Karte zu zeigen. Gleichzeitig hilft mir das, die Aufmerksamkeit in Sekundenbruchteilen auf das zu lenken, was ich eigentlich in meinem Leben manifestieren möchte. Wie ich das geschafft habe und wie dir das zur wertvollen Hilfe werden kann, die deinen

Alltag ungemein erleichtert, möchte ich dir nun Schritt für Schritt aufzeigen.

Schritt eins: Klopfe deinem Unbewussten auf die Finger!

Ich hoffe, du konntest den Großteil deiner Sorgen und Ängste längst über Bord werfen oder dich zumindest mit ihnen arrangieren. Wenn dich aber doch ab und an der innere Kritiker mit einer Attacke von völlig unbegründeten Zweifeln piesacken sollte: Versuche das Zeichen anzuwenden, das du mit deinem unbewussten Verstand in einem persönlichen Gespräch vereinbart hast. Ja, genau das, was du anwendest, damit dein Unbewusstes alarmiert ist, dass sich hier mal wieder ein Teil von dir mit unerwünschten Gedanken, Zweifeln oder Ängsten zu Wort meldet. Natürlich solltest du auch hierbei stets die positive Absicht für dich herausgelesen haben. Denn auch Zweifel können ja einen guten Zweck für dich verfolgen. Wenn du unsicher bist, kannst du dazu gerne noch mal zum Kapitel „Klopfe deinem Unbewussten auf die Finger!" zurückblättern.

Ich mache das wie gesagt so, dass ich meinem „Philipp" (so heißt mein Unbewusstes in persona) dann auf die Finger klopfe, wenn ich merke, der innere Kritiker oder mein innerer Angsthase wollen mir einmal wieder dazwischenfunken.

Welchen Namen hast du deinem personifizierten Unbewussten übrigens gegeben? Und mit welcher Geste verscheucht ihr beide deine Ängste und Sorgen?

Schritt zwei: Installiere den Anti-Angst-Anker

Nun hast du dir ja vielleicht schon ein paar Anker installiert. Hilfreich ist es jetzt, wenn du noch einen für dich finden kannst, der ab jetzt immer anstelle des bisher mit Angst oder Sorgen behafteten Gedankenmusters einspringen soll. Er soll dir per Tastendruck das Gefühl verleihen, das du anstelle der jeweiligen Angst oder Sorge verspüren möchtest.

Alles, was du dann tun musst, ist, dieses neue Gefühl einmal analog zur Schritt-für-Schritt-Anleitung „So installierst du den Schalter zu mehr Gelassenheit" zu installieren. Dann hast du es im Notfall gleich parat.

Schritt drei: Verbinde das Ganze

Konntest du deinen Anker erfolgreich installieren? Wunderbar! Dann lasse ich dich nun an meinem persönlichen Erfolgsrezept gegen Ängste, ständige (Selbst-)Zweifel, Sorgen und endlose Grübelschleifen teilhaben.

Was ich entdeckt habe: Wenn ich mal wieder merke, dass eine bestimmte Angst in mir hochkriechen möchte, funktioniert es bei mir wie gesagt super, sie zu verscheuchen, indem ich meinem „Philipp" auf die Finger klopfe und laut sage: „Mit dem nächsten Ausatmen lasse diesen Zweifel (oder diese Angst oder den Glaubenssatz) mehr und mehr los". Wenn ich sofort im Anschluss daran meinen neuen Schalter betätige, der mir das Gefühl gegen die jeweilige Angst verleihen soll, sprich: Mut,

Gelassenheit, Zuversicht oder Selbstvertrauen, lenke ich meine Energie komplett in die Richtung, wie mein Leben eigentlich aussehen soll. Damit ziehe ich der Angst sozusagen blitzschnell den Teppich unter den Füßen weg.

Wenn du also eine Geste gegen deine Ängste und Grübel-Attacken mit deinem Unbewussten vereinbart hast, wende sie an, sobald du sie dabei erwischst, dich piesacken zu wollen.

Löse dann gleich darauf dein neues Anti-Angst-Gefühl, das du dir natürlich vorher verankert hast, mit deinem Anker aus. Nun hast du dich in null Komma nix in deinen neuen gewünschten Gefühlszustand versetzt. Es kann auch ein Zielanker sein, wenn du etwas manifestieren möchtest.

Schritt vier: Schwinge in der Frequenz der Liebe

Erhöhe im Anschluss die Schwingung auf die Frequenz der Liebe, indem du dich an die Liebe zu dir selbst erinnerst. Das Gefühl kannst du mit einer weiteren Geste verankern, etwa indem du dir selbst zärtlich über die Wange streichst, oder du kuschelst eine Runde mit dir selbst, indem du dich selbst zuversichtlich in den Arm nimmst. Du kannst das Ganze mit einer liebevollen Affirmation untermalen. Sie kann etwa lauten: „Ich erlaube mir, das Gefühl von … (setze dein Wunschgefühl ein) mehr und mehr wachsen zu lassen."

That's it! Wohooo! Du hast es geschafft!

In anderen Worten: Du knuffst damit deinem inneren Kameramann wieder einmal in die Seite und schwenkst damit das Objektiv sofort in eine andere Richtung, die den Filmverlauf deines Lebens ins Positive wendet.

Beispiele gefällig? Aber liebend gerne: Nehmen wir einmal an, du fühlst dich unwohl in deiner Haut, weil es über den Winter ein paar Kilos mehr an den Hüften geworden sind. Auf der linken Seite deines Büchleins oder auf deinem Whiteboard fände sich auch noch der Glaubenssatz: „Ich fühle mich pummelig und nicht anziehend". Was könnte auf der rechten Seite stehen? Eine unterstützende Affirmation hiergegen könnte lauten: „Ich fühle mich rundum pudelwohl in meinem Körper, ganz so, wie ich bin. Ich treibe Sport und ernähre mich gesund. Ich strahle Schönheit aus, die auf andere anziehend wirkt."

Dazu verpasst du dir selbst einen Ziel-Anker. Dafür stellst du dir auf deiner inneren Kinoleinwand vor, wie du deine angestrebte Figur (oder auch deine jetzige Figur, die du natürlich gerne behalten möchtest) wohlwollend und zufrieden vor dem Spiegel betrachtest. Du kannst auch einen Mini-Kinofilm ablaufen lassen, wie du am Strand wie eine Göttin oder Adonis aus dem Wasser steigst. Vielleicht kannst du die bewundernden Blicke bis unter die Haut spüren? Und fühlst du deine innere Körperspannung? Prima, das ist das Gefühl, das du verankern könntest.

Immer dann, wenn du dich selbst ertappst, wie du ferngesteuert den Weg zum Kühlschrank einschlägst, obwohl du keinerlei Hunger verspürst, kannst du Folgendes tun:

Schritt eins: Klopfe deinem Unbewussten auf die Finger beziehungsweise wende die Geste an, die du persönlich mit deinem Unbewussten vereinbart hast, um in diesem Fall nun die Heißhungerattacke zu vertreiben.

Schritt zwei: Löse unmittelbar im Anschluss deinen Ziel-Anker mit deiner Wohlfühl-Figur aus.

Schritt drei: Streichle dir zärtlich über die Wange oder gönn dir selbst eine Kuscheleinheit.

Untermale das Ganze mit Affirmationen und Bildern von deiner Wohlfühlfigur. Wenn du magst, kannst du ein Bild davon an die Kühlschranktür heften.

Und gerade an diesem Beispiel wird sichtbar, wie wichtig es ist, zu handeln, sprich: etwas zu tun. Das werden wir uns noch im vierten Teil des Buches genauer ansehen. Was du bei diesem Fallbeispiel konkret tun kannst, ist, deine Ernährung umzustellen und wenn möglich jeden Tag Sport oder zumindest eine Bewegungseinheit einzubauen.

Wenn du möchtest, kannst du dir nach diesem Schema nach und nach jeden einzelnen Punkt in deinem Leben, der dir Kopfschmerzen bereitet, vorknöpfen und an dessen Stelle dein neues Lebensgefühl von innerem Reichtum einpflanzen. Anhaltspunkte, was du gerne ändern möchtest, liefert dir garantiert deine Liste mit den Glaubenssätzen. Genauso natürlich jene mit deinen Zielen.

Das ermöglicht es dir, das gedankliche Fundament für dein neues Leben zu gießen. Mit den neuen positiven Gefühlen, Bildern und Affirmationen kreierst du dann künftig dein Leben selbst nach deinem Gusto.

Du kannst das Ganze jeweils intensivieren, wenn du deinen Anti-Angst-Anker mit einer positiven Affirmation untermauerst. Gleiches gilt naturgemäß für deine Ziel-Anker.

Prima ist es, wenn du dich bei jedem Auslösen des Ankers in die Situation hineinfühlen kannst und das Gefühl bei jedem Mal wachsen lassen kannst.

Eine Faustregel besagt, dass es circa 21 Tage dauert, bis sich alte Sorgen, Ängste und Glaubenssätze langsam ausgewaschen haben und die neuen Gefühle und Affirmationen ihre Wirkung nachhaltig zeigen. Aber dazu gehört es, tatsächlich mehrmals am Tag den Anker abzufeuern und die Affirmationen gedanklich oder auch laut ausgesprochen zu wiederholen. Also sei gut zu dir. Schenke dir selbst Zeit und Geduld und bleibe beharrlich dran, die Edelsteine deiner Persönlichkeit zu einem perfekten, einzigartigen Schmuckstück zu formen. Du wirst bald sehen, was sich für phänomenale Möglichkeiten in deinem Leben auftun!

DIE SUSHI-FORMEL:
DEIN ZIEL IN KLEINEN HÄPPCHEN

Ich gebe zu, es geht mir selbst oft so: Erst einmal ist die Begeisterung groß, wenn ich ein wichtiges Ziel vor Augen habe. Aber wenn es daran geht, das Angedachte umzusetzen, fühlt es sich plötzlich an, als würde sich ein unüberschaubar großer Berg vor mir auftun. So viel ist zu tun. Wo bloß anfangen? Ich drehe mich oft im Kreis und fühle mich dann wie gelähmt, weil ich nicht weiß, was der erste Schritt sein kann, um mein Ziel in die Tat umzusetzen. Die gute Nachricht: Oft findet sich eine Treppe, die den Weg zum Berg hinauf ebnet. Und wenn ich einmal den ersten Schritt gewagt und ein paar Stufen erklommen habe, bin ich dem Gipfel schon ein Stück weit nähergekommen. Wenn ich nun nach unten blicke, kann ich sehen, dass ich doch schon einige Steps hinter mich gebracht habe. Und ich merke: Es war gar nicht so schwer. Alles, was ich tun musste, war nur, endlich einmal den Anfang zu wagen und einen Fuß aus dem chilligen Nestchen namens Komfortzone zu setzen.

Auch wenn sich das Leben von heute auf morgen verändern kann, lässt sich natürlich nicht gleich alles sofort komplett auf den Kopf stellen. Deshalb ist es wichtig, den einzelnen Zielen Prioritäten zuzuordnen und sie sich dann Schritt für Schritt vorzunehmen. Hilfreich ist es, die ganz großen Ziele in kleine Zwischenetappen aufzuteilen.

Wie man das am besten anstellt, möchte ich dir mit einem kleinen Beispiel aus der Welt des Sports mit auf den Weg geben. Und zwar: Mein Onkel ist supersportlich, und ich bewundere ihn sehr. Vor einiger Zeit ist er vom Allgäu aus nach Italien an den wunderbaren Gardasee gefahren. Das ist schön – aber an sich nicht superspektakulär, höre ich dich sagen. Aber warte: Was aus meiner Sicht der Welt phänomenal an der Sache war: Er hat die Strecke dorthin mit dem Fahrrad zurückgelegt – vom Allgäu aus! Ich meine mich zu erinnern, dass er dafür sieben Tage gebraucht hat. Er hat also die doch beachtliche Strecke, die sich etliche Höhenmeter über idyllische Alpenpässe schraubt, in kleine Teil-Etappen unterteilt. Die hat er Tag für Tag heruntergestrampelt, als wäre es jeweils eine ganz normale Radtour. Auf die Art und Weise hat er die Wahnsinns-Tour tatsächlich gemeistert.

Wenn du also ein Ziel vor Augen hast, mach wie mein Onkel einfach Sushi draus. Oder anders formuliert: Teile es in kleine, mundgerechte Häppchen auf, die für dich machbar und überschaubar sind. Bedenke dabei bitte auch, wie viel Zeit das jeweilige Häppchen in Anspruch nehmen wird, und plane das mit ein. Es ist auch immer wichtig, Pausen zu berücksichtigen und Puffer für nicht Eingeplantes bereit zu halten.

Profis empfehlen zudem, sich einen bestimmten Zeitpunkt zu setzen, bis zu dem man das jeweilige Ziel „im Kasten" haben möchte.

Wenn dir das zu viel Gedankenchaos im Kopf bereitet, kann dir die Mindmap wieder Klarheit verschaffen. Wie du sie erstellst, hast du bereits im Kapitel „Der Plan zum wohlgeordneten Zuhause" erfahren. Dort kannst du gerne auch noch mal nachlesen, wie du Prioritäten setzt, wenn du dir zu viele Ziele gesteckt hast und gar nicht weißt, wo du anfangen sollst, oder wenn du die einzelnen Häppchen nicht in eine sinnvolle Reihenfolge bekommst.

· ·

🔆 Übung
Treppauf zum Ziel

Eine ganz tolle Übung ist es zudem, wenn du dich einmal in eine Situation hineindenkst, in der du ein von dir gestecktes Ziel bereits erreicht hast. Inspiriert von einem Format namens „Change Future" findest du die Übung hier in leicht abgewandelter Form.

Wenn es hilft, schließe dazu ruhig die Augen.
Atme ein paar Mal tief ein und aus.

Stelle dir dazu Folgendes vor: Dein Ziel ist am Ende einer Treppe. Sie führt dich hinauf zu einer wunderschönen Terrasse ganz oben auf einem Bergplateau. Und jetzt gehe noch einen Schritt weiter und tu mal so, als ob du von einem Zeitpunkt in der Zukunft, kurz nachdem dein anvisiertes Ziel bereits eingetreten ist, auf dein Ziel zurückblickst, das sich nach deinen Wünschen entwickelt hat. Es ist also bereits eingetreten, und du befindest dich auf dem Zeitstrahl kurz danach. Du bist also ein paar Stufen oberhalb der schönen Terrasse, auf der Dachterrasse des dort befindlichen Hauses. Probier einmal, wie es ist, dir diesen Moment vorzustellen.

Stelle dir nun die Situation vor, in der dein wichtigstes Ziel bereits Wirklichkeit ist. Du hast es tatsächlich geschafft! Es ist haargenau so gekommen, wie du es immer wolltest. Und es ist der Moment kurz danach.

- In welcher Umgebung befindest du dich, wenn du dein Ziel bereits erreicht hast?
- Lass deinen Blick umherwandern.
- Mit wem umgibst du dich?
- Jetzt bitte ich dich, zu versuchen, in dich hineinzuschlüpfen. Du kannst die Situation jetzt aus deinen eigenen Augen heraus betrachten.
- Was kannst du jetzt erblicken?
- Wie fühlt sich die Situation an?
- Was dringt in deine Ohren?
- Welche Geschmacksrichtungen nimmt deine Zunge wahr?
- Wonach riecht es?
- Jetzt drehe dich um und blicke auf dein wahr gewordenes Ziel auf der schönen Terrasse unter dir.

Stell dir die Frage:

- Wofür stehen die einzelnen Treppenstufen, die du gehen musstest, stellvertretend, um dein Ziel wahr werden zu lassen?
- Was hast du dabei genau unternommen?
- Welche Kraftquellen waren der Treibstoff für dich auf dem Weg dorthin?
- Welches Können hat dich dabei unterstützt?
- Welche Glaubenssätze haben dir den nötigen Halt gegeben?
- Wer warst du jeweils auf den einzelnen Treppenstufen?
- Gab es eine Herzensvision, die dich beflügelt hat?
- Oder siehst du dich dabei, wie du eine Mission zu erfüllen hast? Wie sieht sie aus?
- Verlasse nun die Zielsituation und komme ins Hier und Jetzt zurück.

Wenn es für dich anschaulicher ist, kannst du dir die Treppe auch auf einem großen Blatt oder dem Whiteboard aufmalen.

Wenn du magst, kannst du dir nun die einzelnen Kraftquellen, Fähigkeiten und Glaubenssätze gerne intuitiv zu den einzelnen Treppenstufen hinzunotieren.

Nun hast du die Möglichkeit, die Stufen von unten nach oben einmal zu betrachten. Sieht das für dich machbar aus oder fallen dir Hindernisse ins Auge? Falls ja: Was brauchst du, um sie aus dem Weg zu räumen?

Nun steige die Treppe einmal in Gedanken nach oben, bis du dich auf der Zielterrasse befindest. Nimm alles wahr, was du auf den einzelnen Stufen erlebt hast. Schlüpfe dazu wieder in dich hinein. Was hast du gesehen und gespürt? Wie ist es dir dabei ergangen? Was hast du auf der jeweiligen Stufe unternommen? Welche Fähigkeiten waren deine Helfer? Welche Glaubenssätze haben dich hier begleitet? Was war deine Rolle auf der jeweiligen Stufe?

Wenn du oben auf der Zielterrasse angekommen bist, erlebe auch hier die Situation aus deinen Augen. Wenn du magst, kannst du dieses Zielerlebnis mit einer Geste verankern. Alternativ kannst du die Situation auf deinen bereits bestehenden Ziel-Anker obendrauf ankern, also dieselbe Geste oder denselben Berührungspunkt an deinem Körper verwenden wie für deinen Ziel-Anker. Das nennt man im Fachjargon „Anker stapeln".

Wunderbar, nun bist du deinem Ziel schon in Siebenmeilenstiefeln nähergekommen. Sei stolz auf dich! Zelebriere das! Du darfst dich gerne bei deinem Unbewussten bedanken. Es wird gerne gelobt!

Puzzleteil Nummer drei:

C WIE LOCKE CHANCEN IN DEIN LEBEN

SO LOCKST DU DAS GUTE IN DEIN LEBEN

Es gibt noch einen weiteren mächtigen Helfer, der dir auf dem Weg zu deinem Wunschleben und einem Lebensgefühl des inneren Reichtums auf allen Ebenen des Seins unter die Arme greifen kann: das Universum höchstpersönlich! Okay, ich sehe ein, wenn du mich jetzt in eine leicht esoterisch angehauchte Schublade packen möchtest. Aber wenn es dich beruhigt: Es gibt superschlaue Erklärungen für das Ganze, die unter anderem mit Quantenphysik und Co. zu tun haben. Nur schon mal so viel von mir vorab: Es geht um Energien, Schwingungen, Frequenzen und kleinste Teilchen. Die Quintessenz daraus ist, was manche als das sogenannte Gesetz der Anziehung beschreiben, nämlich: Worauf du deine Aufmerksamkeit lenkst, das ziehst du wie magisch in dein Leben!

Lass mir dir das Ganze mithilfe einer kleinen Geschichte näherbringen. Versuche dir dazu bitte einmal vorzustellen, du kommst endlich nach einem Acht-Stunden-Flug und einer Stunde Bustransfer am langersehnten Urlaubziel an. Was wird passieren? Sehen wir uns dazu zwei Geschichten an, in denen eine Person – ich nenne sie mal das „Ich" – in unterschiedlichen Mindsets unterwegs ist. Einmal hat sie den Fokus auf all das Negative und den Mangel gerichtet. Einmal hat sie den Fokus auf all das Gute und Schöne und den Reichtum im Leben gerichtet.

Sehen wir uns einmal Story Variante Nummer eins an: Mein genervtes „Ich" hat den Fokus auf Negatives und Mangel gerichtet:

Ich bin total genervt vom Flug und der Busfahrt. Ich schwitze in den viel zu warmen Klamotten. Außerdem hat – der Flugangst sei Dank – mein Deo schon vor Stunden versagt, und ich fühle mich unwohl in meiner Haut. Mein leerer Magen grummelt ärgerlich. Es dauert ewig, bis ich an der Rezeption bedient werde, was mich und mein Nervenkostüm auf eine harte Geduldsprobe stellt.
Nach einer gefühlten Ewigkeit sperre ich endlich die Suite auf – und werde prompt von einem muffeligen Geruch empfangen. Schimmelt es hier etwa? Das hatte ich gleich befürchtet. Bei der näheren Inspektion der Betten finde ich auch noch ein dickes schwarzes Haar unter dem Laken. Na Mahlzeit! Genauso hatte ich mir das vorgestellt. Die Laune sinkt merklich. Apropos Mahlzeit: Auf dem Weg zum Speisesaal werde ich von nervig gut gelaunten Animateuren aufgehalten und fühle mich belästigt. Total genervt

schaffe ich es im Unterzuckermodus gerade noch, mich zum Buffet zu hangeln. Zu allem Übel gibt es auch noch Fleisch. Ausgerechnet! Das esse ich als Flexitarier nur in äußersten Notfällen. Aber hungrig, wie ich bin, wandert es auf meinen Teller. Hauptsache, was zu beißen! Zurück am Platz kaue ich an dem harten, ungewürzten und kalten Stück Fleisch herum, das mich an einen ausgedienten Flip-Flop erinnert, und denke bei mir: „Hab ich doch gleich gewusst, dass das Essen hier nichts taugt. Hätte ich doch nur auf die Bewertungen gehört. Ich hab doch echt ein Händchen, immer ins Klo zu greifen." Dabei habe ich gar nicht den Fokus darauf gerichtet, was es sonst noch Leckeres geben könnte. Leider habe ich dadurch die Chance vertan, etwas zu finden, das mir schmecken könnte. Basierend auf der selbsterfüllenden Prophezeiung, immer ins Klo zu greifen, habe ich wie durch eine Art Tunnelblick völlig ausgeblendet – und dadurch glatt übersehen – dass weiter hinten im Saal ein zweites Buffet angerichtet ist. Auf dem warten traumhafte Köstlichkeiten in Hülle und Fülle auf mich. Die Prophezeiung hat sich also bewahrheitet. Das Leben ist doch immer gegen mich – oder etwa nicht?

Sehen wir uns dazu Story Variante Nummer zwei an, die ebenfalls passieren könnte: Mein positives, freudiges „Ich" hat den Fokus auf all die Fülle und Schönheit gerichtet, mit der mich mein Leben stets beschenkt.

Ich bin total genervt vom Flug. Aber ich blinzle der Sonne entgegen und denke: „Jetzt wird alles gut!". Ich atme einmal tief durch und spüre, wie die Sonne meine Haut wohlig wärmt. Meine Laune steigt zusehends. In der Lobby angekommen, finde ich gleich einen freien Mitarbeiter an der Rezeption, der mich zuvorkommend behandelt.

In freudiger Erwartung sperre ich meine Suite auf und werde von einem liebevoll drapierten Arrangement aus einem bunten Obstkorb, Snacks und einer Flasche Prosecco empfangen. Was für eine nette Geste! Genauso hatte ich mir das vorgestellt. Ich stelle mein Magengrummeln mit einer vitaminreichen Portion Obst und leckerem Fingerfood ruhig, und mich erfüllt die Vorfreude, mit welchen Leckereien ich wohl zum Dinner verwöhnt werde. Ich nippe an meinem Glas prickelndem Prosecco und blicke zufrieden vom Balkon aufs Meer. Ich atme tief ein und wieder aus und bin zutiefst dankbar dafür, wie gut es das Leben doch immer mit mir meint. Was für ein traumhaftes, erfülltes Leben ich doch führen darf! Beschwingt von der Energie der Dankbarkeit locke ich von jenen guten Dingen und Möglichkeiten mehr in mein Leben. So schlendere ich guter Dinge, den Fokus auf Positives wie die traumhaft angelegte Hotelanlage gerichtet, in den Speisesaal. Auf dem Weg dorthin treffe ich total sympathische Animateure. Ihre Komplimente, wie gut ich heute aussehe, bringen mich noch mehr zum Strahlen. Prompt laden sie mich zum nach dem Dinner stattfindenden Musical-Abend ein. Mit meiner tollen Ausstrahlung locke ich doch immer die sympathischsten Leute in mein Leben! Schließlich ist mir bewusst: Wenn ich Freundlichkeit aussende, wird mir auch Freundlichkeit entgegengebracht.

Oder anders formuliert: Ich treffe stets auf nette Leute.

Im Speisesaal angekommen, lasse ich den Blick schweifen. Da warten jede Menge toller Leckereien auf mich. Als Flexitarierin habe ich die große Auswahl. Da mir aber heute nicht nach Fleisch ist, lasse ich die Chance auf lecker aussehende Roastbeef-Röllchen verstreichen, die mich auf dem ersten Buffet anlachen. Die Aufmerksamkeit auf die vielen Chancen gerichtet, die mir das Leben stets zum Geschenk machen möchte, wandere ich neugierig zum nächsten Buffet. Es ist etwas weiter hinten im Saal hübsch angerichtet. Und: Volltreffer! Hier warten feinste Delikatessen darauf, auf meinen Teller wandern zu dürfen. Ich balanciere den Teller zurück zum Platz und denke bei mir: „Wie gut es das Leben doch immer mit mir meint!" Mit dieser auf der Frequenz der Liebe schwingenden Einstellung locke ich genau die wünschenswerten Erfahrungen in mein Leben. Zu Beispiel den gut aussehenden jungen Mann am Nebentisch, der mir mit seinem Glas Rotwein lächelnd zuprostet.

Fällt dir etwas auf? Die jeweils gleichen Rahmenbedingungen ein und derselben Situation können sich ganz unterschiedlich auswirken, je nachdem, wie du die Situation wahrnimmst. Man könnte es auch überspitzt so formulieren: Was du an der Situation „für wahr nimmst"! Denn das hat zum einen damit zu tun, wie du dich gerade innerlich fühlst. Welche Brille hast du gerade auf, mit der du auf die Geschehnisse in deinem Leben blickst? Und es hat auch mit deinen inneren Einstellungen, Werten und Erwartungen zu tun. Sie wirken sozusagen wie eine Art Magnet und ziehen das in dein Leben, womit du dich beschäftigst oder worauf du dich konzentrierst.

Um es mit den Worten aus dem Talmud zu sagen:
Sehen wir die Welt, wie sie ist? Nein! Wir sehen die Welt so, wie wir gerade sind!

Gehst du mit der inneren Einstellung durchs Leben, immer das Haar in der Suppe (oder unter dem Bettlaken) zu finden und das schlimmste Drama serviert zu bekommen? Dann könnte dir glatt die erste Version der Urlaubs-Story im realen Leben passieren. Oder bist du überzeugt davon, dass es das Leben stets gut mit dir meint, du immer ein Gewinner bist und alles dir sozusagen mit Leichtigkeit zufliegt? Dann kann es sein, dass du dich eher an der zweiten Urlaubs-Variante erfreuen kannst.
Durch welche Brille blickst du persönlich auf deine Welt?

Es ist also ausschlaggebend, worauf du deine Aufmerksamkeit richtest. Oder anders formuliert: Worauf du dich konzentrierst, das lockst du automatisch in dein Leben. Wie heißt es so schön: „Gleiches zieht Gleiches an!"

Du kannst dein Gedankenkarussell also den lieben langen Tag um Ängste, Sorgen und Probleme kreisen lassen. Dann ziehst du genau diese magisch an.
Schenkst du jedoch den wunderbaren Dingen des Le-

bens und der Fülle, die es bereithält, deine Aufmerksamkeit, dann wirst du reich beschenkt.

Fällt dir etwas auf? Vielleicht wunderst du dich, dass du das alles schon einmal irgendwo gelesen hast. Aber ja! In den Kapiteln am Anfang des Buches hatte ich diese Gesetzmäßigkeit schon einmal erwähnt.

Allerdings gibt es jetzt einen entscheidenden Unterschied zu damals: Du hast mittlerweile den Schlüssel in der Hand, der dir dabei hilft, deine Gedankenwelt bewusst in Richtung deines angestrebten Lebensgefühls auszurichten. Obendrein hast du das Wissen, wie du zugleich deine unbewussten Gedankenmuster, die dem möglicherweise entgegenstehen, transformieren kannst.

Nur wenn deine bewusste und zugleich deine unbewusste Energie den Weg in die gleiche Richtung einschlagen, kannst du an dein gewünschtes Ziel kommen! Du schaltest dann sozusagen einen riesengroßen Magneten an, der alle Teilchen für dich so anordnet, dass alles ganz in deinem Sinne arbeiten kann.

Mit diesen Erkenntnissen und Erfahrungen hast du die Möglichkeit, dein Leben komplett umzukrempeln. Wenn du alle Energie in die richtige Richtung fließen lässt, dann lässt sich jeder noch so unglückliche Umstand mit dem Wissen um das Gesetz der Anziehung in etwas Positives umwandeln. So kann sich eine schlimme Situation in deinem Leben, die dir wie ein vermeintlicher Albtraum erscheint, aus einer anderen Perspektive betrachtet als ganz neue Chance entpuppen. Du musst lediglich deine Konzentration auf die Dinge im Leben richten, die du dir wünschst! Und nicht auf das, was du nicht haben möchtest.

Oder anders gesagt: Beklagen wir uns ständig darüber, woran es uns mangelt, öffnen wir das Tor, um Mangel in unser Leben vordringen zu lassen. Sind wir hingegen voller Dankbarkeit für die Fülle, die uns das Leben jeden Tag schenkt, und machen wir uns einmal bewusst, was wir bereits alles haben, dann steht uns immer mehr von eben jener Fülle ins Haus – was auch immer du darunter für dich verstehst: finanzieller Wohlstand, eine erfüllte Liebesbeziehung, kernige Gesundheit und Glück in allen Bereichen.

„Worauf folgen die Dinge, die wir uns wünschen? Das Universum ist nicht berechnend im „Wie", aber es liefert im „Was" und das ziemlich zuverlässig!"

BENEDIKT SALEHI

· ·

SELBSTLIEBE IST DER SCHLÜSSEL

Selbstliebe ist ein weiterer Schlüssel, der dir die Tür zu innerem Reichtum öffnet. Aber was bedeutet Selbstliebe eigentlich? Ich meine damit nicht, egoistisch durchs Leben zu trampeln. Nein, ganz im Gegenteil. Es geht vielmehr darum, sich nicht immer nur für andere aufzuopfern. Ich helfe auch von Herzen gern und das ist gut so. Das mache ich im Prinzip schon, seit ich mich erinnern kann. Aber dennoch sollten wir nicht vergessen, auch mal tief in uns selbst hineinzuhören: Was sind denn eigentlich unsere eigenen Bedürfnisse? Sie gehen allzu oft im Stress und der Hektik des Alltags komplett unter. Wir richten so viel Energie darauf, dem gerecht zu werden, was andere von uns fordern. Denke an deine beruflichen Bereiche – aber auch an dein Freundes- und Familienleben. Und vor allem machen wir uns ständig einen Kopf, was andere von uns denken. Wie viel Energie raubt uns das Tag für Tag? Sie ist dann gebunden. Das kann uns blockieren, das zu tun, was wir in dem Moment von Herzen gern selber tun würden. Wir stecken zurück. Das ist manchmal auch notwendig und lässt sich nicht vermeiden. Aber auf die Dauer macht uns das nur sauer. Dann ärgern wir uns und fühlen uns als Opfer. Richten wir unseren Fokus aber darauf, das Opfer zu sein, und beklagen uns, haben wir ein Mangelbewusstsein. Das hält uns wiederum von einem Gefühl von innerer Zufriedenheit fern. Denke an das Gesetz der Anziehung: Wir ziehen das in unser

Leben, was wir ausstrahlen. Drehen wir das Ganze um 180 Grad: Wenn wir uns selbst lieben, strahlen wir das aus. Dann werden wir auch Liebe in unser Leben ziehen. Hand aufs Herz: Wie oft haben deine Gedanken heute darum gekreist, was andere von dir denken? Und was hast du dir heute Gutes getan?

Denn: Die Energiefrequenz ist alles! Wenn du in der Frequenz der Liebe schwingst, wirst du überall Liebe um dich herum entdecken. Du kannst Liebe für einen Menschen tief in deinem Herzen spüren. Du hast Freude daran, sie zu geben. Genauso kannst du die entgegengebrachte Liebe empfangen. In der Schwingung der Liebe wirst du auf Menschen treffen, die dich gernhaben. Ich lade dich ein, einmal mit dem Kerngedanken „Ich bin voller Liebe" durch den Tag zu spazieren. Beobachte, was passiert. Als ich diese Übung das letzte Mal durchgeführt habe, habe ich überall Beweise dafür entdecken können. Erinnerst du dich noch an den inneren Kameramann? Er war prompt zur Stelle und hat seine Kamera sogar darauf gelenkt, dass sich mir eine Wolke in Herz-Form am Himmel gezeigt hat! Und weil man davon gar nicht genug bekommen kann, habe ich noch eine weitere Selbstliebe-Übung für dich.

· ·

💡 Übung zur Selbstliebe – Entdecke deine Schoko-Seite!

Die reizvolle Natur der Surfer-Insel Fuerteventura haben meine bessere Hälfte und ich vor einiger Zeit als Traumkulisse für ein privates Foto-Shooting entdeckt. Wir haben uns dafür die Zeit genommen und es richtig professionell aufgezogen. Anfangs war es etwas komisch, und ich war ganz verkrampft vom vielen Lächeln. Aber mit der Zeit wurde ich immer lockerer. Dabei habe ich gemerkt, wie leicht es sich anfühlt, wenn man das Gemeckere des inneren Kritikers einfach mal ausblendet. Ich habe mich danach richtig wohlig, von innen heraus schön und irgendwie geliebt gefühlt. Ich war plötzlich rundum zufrieden mit mir selbst und wollte mit keinem Menschen der Welt (und im Universum) tauschen. Das Gefühl war unbeschreiblich, ganz so, als würde ich von den Zehenspitzen bis in die Haarspitzen von einer wohligen Wärme durchströmt werden. Mein Tipp ist daher: Wenn du dich auf deine Schoko-Seite konzentrierst und sie dankbar annimmst, fühlst du dich gleich viel wohler in deiner Haut. Ein bisschen Selbstliebe kann also nie schaden.

Übrigens: Wer sich selber liebt, strahlt das auch aus. Dein Partner wird das spüren. Außerdem kannst du die Liebe vom Partner auch besser annehmen.

In dem Sinne: Probier's mal mit deinem eigenen Shooting aus!

. . . .

WIE DANKBARKEIT DEINEN FOKUS VERÄNDERT

Mithilfe der mentalen Werkzeuge, die du in diesem Ratgeber kennengelernt hast, solltest du nun deinen inneren Kritiker zum Komplizen machen können.

Ängste können sich in den unterschiedlichsten Gestalten manifestieren. Sie können als innere Bilder daherkommen. Du kannst innere Stimmen hören, die dich in irgendeiner Form manipulieren. Oder die Ängste machen sich als ein bestimmtes Gefühl bei dir bemerkbar. Jede Manifestation der Angst lässt sich auf eine bestimmte Art und Weise bekämpfen. Den Masterkey, wie du generell Ängste loswerden kannst, habe ich dir bereits mit den Methoden, die du in diesem Buch kennengelernt hast, an die Hand gegeben.

Wenn du fühlst, dass du alle inneren Hindernisse aus dem Weg geräumt hast, hast du mit den wirkungsvollen Ankern die ersten Tools kennengelernt, die dich dabei unterstützen, bald in Richtung Zielgerade einbiegen zu können.

Herzlichen Glückwunsch! Damit hast du bereits viele Schritte in dein neues Leben gewagt! Ich möchte fast wetten, du hast bereits erste Früchte ernten und deine Erfolge gebührend und in tiefer Dankbarkeit feiern können. Das ist wichtig! Denn damit zeigst du deinem Unbewussten, dass es das richtig phänomenal gemeistert hat!

Es freut sich übrigens auch immer, wenn du es laut lobst, wie ich schon an anderer Stelle erwähnt habe!

Natürlich liest es auch jedes lobende Wort mit, das du in deinem Büchlein dankbar festgehalten hast.

Es ist sogar eine gute Empfehlung, wenn du deine Erfolge und persönlichen Siege in einem extra Erfolgs- oder Dankbarkeitstagebuch festhältst. Dazu kannst du dir jeden Tag ein paar Minuten Zeit nehmen und dich darin für fünf Dinge bedanken, die du an dem Tag gemeistert hast. Das zeigt dir auf, was du alles Tolles vermagst!

Immerhin besagen die klugen Worte von Max Stirner:

„Was du vermagst, ist dein Vermögen!"

Möglich ist auch, dir jeden Monat eine Collage zu basteln, auf der du alles unterbringst, wofür du diesen Monat von ganzem Herzen dankbar sein kannst. Dann hast du deinen Fokus klar auf das gelenkt, was dich erfüllt, und du bekommst wie magisch mehr davon geschenkt!

Was ich dir noch empfehlen kann: Du kannst diesen Ratgeber hier jetzt in deinem Regal einstauben lassen. Aber aus eigener Erfahrung kann ich dir versichern: Es ist hilfreich, ihn ab und an zur Hand zu nehmen.

Es kann sein, dass du nach einer Weile neue, tief sitzende Denkmuster an die Oberfläche beförderst, die du vielleicht erst nach Monaten oder Jahren der Persönlichkeitsarbeit an dir selbst entdeckst. Du entwickelst deine

Persönlichkeit ja immer weiter. Oder anders formuliert: Du ent-wickelst deinen wahren Kern und enthüllst damit das wertvolle Potenzial, das in dir schlummert.

Mag sein, dass du einen Punkt beim ersten Lesen des Buches übersprungen hast. Jetzt ist es vielleicht an der Zeit, dass er für dich von Bedeutung ist. Ich kann dir daher nur ans Herz legen: Bitte bleibe am Ball! Es ist dein Leben – und ich wünsche dir von ganzem Herzen, dass du es in jedem Bereich absolut reich lebst, innerlich wie äußerlich!

DREI BÖSEWICHTE, DIE DICH VON INNEREM UND ÄUSSEREM REICHTUM FERNHALTEN KÖNNTEN

Drei Dinge möchte ich dir noch mit auf den Weg in dein neues Leben geben. Es handelt sich um drei Hindernisse, die dich möglicherweise davon abhalten können, dass deine Wünsche und Ziele tatsächlich reell werden.

1: Dich quälen Zweifel, dass du es nicht schaffst, du kein Talent hast oder dir irgendetwas fehlt, was du zur Erreichung deines Ziels benötigst.

2: Dir fehlt der feste Glaube, das Ziel tatsächlich erlangen zu können oder es wert zu sein, es zu bekommen.

3: Es sich natürlich verführerisch an: Du musst nur die rosarote Brille auf die Nase setzen und dir deine Träume vorstellen. Super, oder!? Aber ich muss dich leider enttäuschen: Mit dem bloßen Senden von Wünschen ins Universum und positiven Denken alleine wird es leider nicht funktionieren. Denn es fehlt ein entscheidender Faktor, der oft vergessen wird: Du musst ins Handeln kommen. Nur dann kann dir das Gesetz der Anziehung ein wertvoller Unterstützer werden.

Das Ganze ist ein bisschen vergleichbar mit den guten alten Lichterketten, die man früher zur Weihnachtszeit eingesetzt hat. Vielleicht kennst du die noch aus Vor-LED-Zeiten? Als ich klein war – oder sagen wir besser: als ich ein Kind war, denn mit 1,60 Metern bin ich ja nicht wirklich groß – war das so: Die einzelnen Plastikkerzen waren mit langen Kabeln verbunden, die man um die Weihnachtsbäume gewickelt hat. Kannst du dich erinnern? Das Knifflige war: Wenn ein einziges Lämpchen nicht richtig reingedreht war, blieb es dunkel am Weihnachtsbaum. So ähnlich kann es auch mit den mentalen Werkzeugen sein, die du in diesem Ratgeber kennengelernt hast.

Du kannst dir also noch so oft einreden: Ich wünsche mir eine Million auf dem Konto, tolle Erfolge und einen knallgelben Sportflitzer in der Garage – wenn du keine Taten folgen lässt und nur auf dem Sofa sitzt und wartest, dann hilft das leider wenig, und du fährst weiter U-Bahn und die Leere auf deinem Konto gähnt dich an. Ich gebe zu: Das ist harter Tobak. Aber die gute Nachricht ist: Es gibt einen Ausweg. Ansonsten hätte ich kaum das Buch für dich geschrieben. Weil er so wichtig ist, habe ich ihm das komplette nächste Puzzleteil gewidmet.

Puzzleteil Nummer vier:

H WIE HANDELN

CIAO, MISTER SCHWEINEHUND!

Wir sind beim H, dem letzten Teil unseres Puzzles auf dem Weg zu innerem und äußerem Reichtum angelangt. H steht für Handeln. Das Ganze hat mit einem gewissen Mister Schweinehund zu tun. Moment mal: Ist das nicht ein guter alter Bekannter von dir? Zumindest ist er einer der engsten Komplizen des inneren Kritikers, den du unbedingt auch kennenlernen solltest.

Aber bitte lass mich dich zunächst auf einen kurzen Ausflug an den Strand mitnehmen, um dir ein bisschen leichter erklären zu können, worauf ich hinausmöchte. Denn: Es ist ein bisschen vergleichbar mit meinem Steckenpferd, dem Wellenreiten. Da ist es so: Du bist im Line-up mit den anderen Surfern und wartest auf die „richtige" Welle. Richtig ist sie, wenn du denkst, dass sie die ausreichende Kraft haben könnte, dich und dein Brett überhaupt mitnehmen zu können. Dann ist der nächste Step, zu paddeln, um von der Welle mitgenommen zu werden. Paddelst du nicht, lässt die Welle dich wahrscheinlich links liegen. In der Folge bedeutet das: Nur wenn die richtige Welle mit der nötigen Kraft anrollt und du paddelst, kann sie dich bis an den Strand tragen.

Lass uns das auf unser Leben ummünzen.

Erinnere dich an Max Stirners Worte:

„Was du vermagst, ist dein Vermögen."

Was du vermagst, ist dein persönliches Können und Talent. Das gilt es, dir erst einmal bewusst zu machen. Es ist sozusagen dein innerer Reichtum. Hast du dich von deinen inneren Gegenspielern befreit, kannst du dieses Können und Talent zielgerichtet für deinen Erfolg einsetzen. Das kannst du im übertragenen Sinn als die mächtige Welle betrachten, die dich erfolgreich durchs Leben tragen kann. Es nützt aber nichts, diese Erfolgswelle einfach an dir vorbeirauschen zu lassen. Erinnere dich ans Wellenreiten: Du musst paddeln, damit dich die Welle mitnimmt! Umgemünzt bedeutet das fürs reale Leben: Wenn du die Erfolgswelle nicht an dir vorberauschen lassen möchtest, musst du ins Handeln kommen!

Im übertragenen Sinn heißt das: Nur wenn du dein Wissen und deine Talente zielgerecht anwendest, dann wirst du sanft von einer Welle des Erfolgs getragen. Und wenn du dann – analog zum Paddeln beim Surfen - auch noch Taten folgen lässt, indem du weißt, wo du hinwillst, und die einzelnen Schritte dorthin auch machst, kannst du an deinem Ziel ankommen.

Man könnte es auch mit den Worten eines sehr berühmten Mannes sagen:

> „Es ist nicht genug, zu wissen, man muss auch anwenden; es ist nicht genug, zu wollen, man muss auch tun."

JOHANN WOLFGANG VON GOETHE

Ich erkläre dir anhand von ein paar aus dem Leben gegriffenen Beispielen, worauf ich hinausmöchte.

Zugegeben: Im Job ausgebremst zu werden ist ein ungutes Gefühl. Es fühlt sich ein wenig an wie in einem Albtraum: Man möchte vor dem Monster oder sonstigen fiesen Verfolgern fliehen und rennt und rennt – ohne aber von der Stelle zu kommen. Vielleicht hast du das auch schon am eigenen Leib erfahren: Du bist hoch motiviert und hast tolle Idee und Visionen, aber sie finden bei deinem Chef kein Gehör. Eigentlich fühlst du dich zu Höherem bestimmt. Aber in deinem Unternehmen ist kein Platz für Neues, vielmehr wird alles „klein" gespart. Am Ende wirst du sogar zu mehr Aufgaben verdonnert, und das Gehalt wird gekürzt. Soll alles schon vorgekommen sein. Das frustriert natürlich. Am liebsten würde man in solchen Situationen einfach alles hinschmeißen. Aber die schiere Existenzangst treibt einen an, bloß nicht den Job zu verlieren. Und so arrangiert man sich und wurstelt schön brav weiter wie bisher. Besser nicht aus der

Komfortzone wagen, lautet das Motto für viele. Es könnte ja schlimmer kommen. Aber weißt du was? Genau das kann in solchen Fällen eintreten. Wenn sich etwas im Leben nicht (mehr) gut anfühlt, gibt uns das Schicksal meist einen Wink: Eine Krankheit verdonnert uns zur Zwangspause. Oder der Job wird aus irgendwelchen Gründen gekündigt. Das ist dann natürlich erst einmal eine große Katastrophe, an der Betroffene immer ganz schön hart zu knabbern haben. Denn selbst wenn sie nicht ganz heil war, aber: Ihre bisherige Welt bricht erst einmal in sich zusammen wie ein Kartenhaus. Und was da wartet, ist bedrohliche Leere – so scheint es zumindest auf den ersten Blick.

Doch so unschön und ausweglos solche Einschnitte im Leben zunächst aussehen mögen, so entpuppen sie sich bei genauem Hinsehen als Chancen, das Leben in neue, viel bessere Bahnen zu lenken. Ja, es gibt tatsächlich viele Erfolgsstorys von ganz berühmten Stars, die ihren Anfang in genau solchen ungünstigen Lebenssituationen gefunden haben.

Man könnte auch sagen: Das Leben hat uns in solchen Fällen einen liebevollen Stups gegeben, um uns freundlich darauf hinzuweisen, dass hier noch längst überfällige Aufgaben erledigt werden möchten. Die Botschaften, die sich dahinter verstecken, sind natürlich auf jeden ganz individuell zugeschnitten. Der eine muss noch an seinem Selbstwertgefühl arbeiten. Ein anderer hat nie gelernt, anderen und sich selbst seine Grenzen aufzuzeigen.

ENTDECKE DEIN POTENZIAL

Die gute Nachricht: Die Möglichkeiten waren nie besser, um einen kompletten Neuanfang zu starten. Digitalisierung und künstliche Intelligenz stellen die Businesswelt, wie wir sie bislang kennen, völlig auf den Kopf. Der klassische Nine-to-five-Job, dem man nach einem standardisierten Abschluss Zeit seines Lebens nachgeht, wird mehr und mehr zum Auslaufmodell. Stattdessen kann sich entfalten, wer seiner Kreativität freien Lauf lässt. Kreativität und Ideenreichtum sind das neue Kapital. Das bedeutet: Sich neu zu positionieren ist angesagt. Dazu gehört, in sich hineinzuhören und das zu tun, was einem am Herzen liegt. Darin sind wir von Natur aus gut. Wofür wir brennen, das lässt uns zu Höchstform auflaufen und Höchstleistungen erbringen. Frage dich dafür: Was wolltest du schon als Kind einmal werden? Wovon hast du damals geträumt? Das gibt Aufschluss, was deine wahre Bestimmung sein kann.

Natürlich ist es dabei sinnvoll, das zu tun, wo sich auch deine Begabungen und Fähigkeiten am besten einbringen lassen. Denn: Wusstest du, dass alles Potenzial bereits in dir steckt? Hole es ans Tageslicht und mach etwas Großes daraus! Investiere in dich und spiele deine besonderen Kernkompetenzen aus! Besuche Seminare und erweitere die Fähigkeiten, die dich ausmachen. Erkenne deinen Wert. Eine Faustformel besagt:

Der Wert, den andere bereit sind zu zahlen, ist umso höher, je größer das Potenzial deiner Waren oder angebotenen Dienstleistung ist, ihre Probleme zu lösen.

Das ist die Eintrittskarte, um richtig „Big Money" zu machen. Jobs, die viele erledigen können, sind entsprechend dem hohen Angebot oft schlecht bezahlt, wenn nicht sogar unterbezahlt. Profis und Spezialisten hingegen werden auf ihrem Gebiet stets fürstlich honoriert. Das ist einer der wichtigsten Bausteine, um äußeren Reichtum aufzubauen und ein Leben in nachhaltigem Wohlstand zu führen. Werde Weltmeister in deinem Vorhaben. Und mache deine Herzensvision zu deiner persönlichen Chefsache!

„Es gibt noch wahrhafte Wunder! Das Beste ist: Du kannst sie sogar selbst bewirken!"

CHRISTINA KAISER

. . . .

DAS MAMA-„PROBLEM" - KIND ALS KARRIEREKNICKER?

Eine Sache gibt es noch, die gerade die Mamas unter uns betrifft: Egal mit wie viel Herzblut, Power und Flexibilität wir uns den Platz in der Business-Welt errungen haben: Das Baby kommt – und die Karriere macht erst einmal Pause.

Das ist natürlich gut so. Schließlich müssen und wollen wir ja rund um die Uhr für den kleinen knuddeligen Liebling da sein. Die Kehrseite der Medaille: Viele – gerade Freiberuflerinnen – kann das einerseits so freudige Ereignis sogar die Existenz kosten. Ja, wir bekommen Kinder! Wunderbare kleine, engelhafte Geschöpfe. Was man aber eventuell zu hören bekommen könnte: „Oje, die können wir jetzt bis zur Kita abschreiben. Auf die können wir uns nicht verlassen. Sie hat ja den ganzen Tag nur das Kind im Kopf. Und dann kommt ja immer noch ein zweites Kind."

Aber das muss nicht zwingend so sein. Ich habe selbst am eigenen Leib erfahren, dass es auch ganz wunderbare Unternehmen und Geschäftspartner gibt, die sich sehr rücksichtsvoll während der Elternzeit verhalten. Ihnen möchte ich an der Stelle auch noch mal ganz herzlich für die Unterstützung und das entgegengebrachte Verständnis danken.

Genauso kann eine gute Beratung in Sachen Elterngeld eine große Hilfe in finanzieller Hinsicht sein, übrigens auch für Freiberuflerinnen. Wenn wir schon beim Thema „Hilfe" sind, habe ich noch einen Tipp, den ich gerne allen Mamas unter den Leserinnen ans Herz legen möchte: Lasst euch helfen! Ich bin sicher, es gibt Menschen in eurer Familie oder in eurem Umfeld, die gerne einmal auf das Baby aufpassen. Fasst den Mut, zu fragen, und erlaubt euch, Hilfe anzunehmen! Ihr seid nicht alleine auf der Welt!

TRÄUME TATSÄCHLICH LEBEN: SO KLAPPT ES

Darüber hinaus gibt es übrigens auch ganz tolle Erfolgs-Geschichten, die während der Babypause entstehen können – der digitalen neuen Business-Welt sei Dank. Die Bestseller-Autorin Michelle Schrenk ist da ein herausragendes Beispiel.

Bereits als kleine Michelle hat sich die gebürtige Nürnbergerin mit großer Freude Geschichten ausgedacht und zu Papier gebracht. Ihrer kreativen Ader ließ sie später in einer Nürnberger Werbeagentur freien Lauf. In der Babypause erinnerte sie sich an ihren eigenen Kindheitstraum zurück. Sie fand die Zeit, wieder ihrer eigentlichen Passion nachzugehen: dem Schreiben. Nach zwei Kinderbüchern folgten zauberhafte Liebesromane. Sie kletterten der Reihe nach auf Anhieb in die Bestsellerlisten, „Kein Himmel ohne Sterne" landete sogar auf Platz eins. Das alles hat sie völlig in Eigenregie auf die Beine gestellt – als Selfpublisherin.

Heute lebt Michelle ihren Traum als Bestseller-Autorin. Ihr Jugendroman-Debüt ist bei einem renommierten Verlag erschienen, und weitere Projekte sind bereits in der Pipeline. Was für ein sagenhafter Traum!

Michelle ist das beste Beispiel, dass sich Träume tatsächlich realisieren lassen. Die schlechte Nachricht: Nur vom Träumen allein werden sie nicht wahr. Auf dem Sofa sitzen und warten, dass etwas Tolles passiert, das funktioniert leider nicht. „Das Universum richtet es eben nicht alleine", kann die Erfolgsautorin bestätigen. Aber es zeigt sich all denjenigen als guter Verbündeter, die mit viel Herzblut alles Machbare in die Wege leiten, um ihre Ideen in die Tat umzusetzen. So zeigt es Michelles Geschichte. Die quirlige Powerfrau hat ihren Träumen Flügel verpasst, indem sie gehandelt hat! „Das war natürlich schon ein hartes Stück Arbeit", erinnert sie sich. Zum Teil hat sie bis tief in die Nacht geschrieben. „Aber wenn man liebt, was man tut, und weiß, wofür man einsteht und was einem wichtig ist, dann ist die viele Arbeit erst einmal zweitrangig", kann Michelle aus Erfahrung sagen. „Von nichts kommt eben nichts." Wenn sich dann aber die Erfolge zeigen, weiß man, wofür sich der Einsatz gelohnt hat.

Das H wie Handeln ist also ein wichtiges Puzzleteil. Fehlt es, wird das Bild nicht vollständig. Oder anders formuliert: Ohne das Handeln lassen sich Ziele nicht erreichen. Und wieder wird deutlich, dass alle Stücke des Puzzles ineinandergreifen müssen. Hand in Hand damit geht das richtige Mindset. „Ich habe immer an meine Bücher geglaubt", sagt Michelle. „Ich hatte eine innere Überzeugung, dass sie erfolgreich werden – und dann ist es auch so eingetreten. Ich bin ein von Grund auf positiver Mensch und glaube an mich und meine Projekte." Man könnte also sagen, Michelle hat die R.I.C.H.- Lebensformel bereits intuitiv angewendet – ohne sie vorher gekannt zu haben. Sie hat ihren inneren Reichtum – in dem Fall ihr wunderbares Talent – erkannt. Ihre Ideale und Werte spiegeln sich in ihren gefühlvollen Romanen wider – schließlich geht es stets um die große Liebe. Michelle hat die Chancen des digitalen Wandels erkannt und sich als Selfpublisherin behauptet. Und sie hat Taten folgen lassen.

Natürlich kommt es selbst bei Erfolgsmenschen wie Michelle ab und an vor, dass ein Projekt weniger gut läuft. „Dann nützt es nichts, einfach alles hinzuschmeißen. Ich reflektiere dann, woran es lag, und denke um. Ich habe die Erfahrung gemacht, dass sich dann ganz neue Türen öffnen." Ihr Rezept lautet in solchen Fällen: „Wenn etwas mal nicht klappen sollte, finde ich eben einen neuen Weg. Ich lerne aus meinen Fehlern und wachse so ständig." Mit über vierhunderttausend verkauften Exemplaren hat Michelle mittlerweile ihre Leser begeistert. Das zeigt einmal mehr, dass sich innerer Reichtum in unserer äußeren Welt manifestieren kann.

Was wir uns also merken können, sind drei Dinge, die zu tun sind, um innerlich wie äußerlich reich und erfüllt in sämtlichen Lebensbereichen zu werden:

Mach dir den inneren Kritiker zum Verbündeten!
Warum sich das Leben unnötig schwer machen? Der Kritiker beißt nicht, er will doch im Prinzip nur helfen! Schenke ihm Gehör und entscheide dann, was du annehmen möchtest.

Setze den inneren Schweinehund vor die Tür!

Handeln ist gefragt! Vom Wünschen allein wirst du keine Ergebnisse bekommen. Wage dich aus der Komfortzone. Welche Schritte wirst du tun? Aber würdige bitte auch seine positive Intention für dich und gönne dir ausreichend Ruhepausen!

An der Stelle von Selbstkritik ist Selbstliebe gefragt!

Sei gut zu dir selbst! Du bist es wert, ein reiches Leben zu führen! Verwandle deine Verbote in Erlaubnisse. Dabei können dir deine liebevollen Affirmationen gute Dienste leisten.

· ·

NIMM DAS RUDER SELBST IN DIE HAND!

Das Leben ist ein bisschen wie eine Fahrt im Gummiboot. Ziellos irrt es auf dem See umher. Der Wind treibt es mal hierhin, mal dorthin. Das Treibenlassen ist ganz angenehm, bis der Gummiboot-Fahrer merkt: „He! Da kommt ja ein Unwetter auf!" Da hilft nur eines: Ran ans Ruder! Jetzt wird er zum Kapitän und kann selbst die Richtung bestimmen. Wenn er dann auch noch ein Ziel im Blick hat – das mag der rettende Steg vor dem gemütlichen Café sein, das zum Aufwärmen einlädt – dann geht das Rudern gleich noch mal so schnell von der Hand.

Was ich damit sagen will? Im übertragenen Sinne ist es also die Kunst im Leben, uns bewusst zu machen, dass wir keinesfalls dem Schicksal, äußeren Gegebenheiten oder der Willkür anderer schutzlos ausgeliefert sind. Vielmehr haben wir die Möglichkeit, selber das Steuer in die Hand zu nehmen. Nur so können wir klar Schiff in unserem Leben machen! Dafür gibt es aber eine Voraussetzung: Wir müssen gleichzeitig auch den inneren Schweinehund vom Rand des Gummiboots schubsen!

Denn: Der hat sich in unserem Boot ganz schön breit gemacht. Demotiviert uns der innere Kritiker einmal wieder mit Sprüchen wie: „Oje, das schaffe ich eh nicht!", gibt der Schweinehund gerne seinen Senf dazu. „Was, ein neuer Job? Ach, das wird ja sowieso nichts. Das kann ich ja alles gar nicht, was da verlangt wird. Dann lass ich es lieber gleich sein. Es wird schon werden. Die Zahnfee wird es schon richten." Aber soll ich dir etwas verraten? Diese Zahnfee gibt es nicht. Viele wählen die Lösung, bei Schwierigkeiten einfach wegzusehen. Mit ein bisschen Glück lösen sie sich möglicherweise von selbst in Luft auf. Aber: Abwarten und Tee trinken sind nicht sehr förderliche Strategien, es im Leben zu etwas zu bringen oder aus unschönen Lebenssituationen wieder auf Erfolgskurs zu kommen.

Außer natürlich, man möchte weiterhin ein Leben führen, in dem man wie ohnmächtig den Interessen anderer oder äußeren Gegebenheiten ausgeliefert ist. Aber wer will das schon?

Also, Hand aufs Herz: Willst du dich wirklich weiterhin von den äußeren Umständen oder auch den Zweifeln deines inneren Kritikers, dem oftmals faulen Schweinehund und dem Rest der Gang gängeln lassen?

Wenn du dein Leben völlig verändern möchtest oder auch nur einen Lebensbereich, der dir am Herzen liegt, dann musst du etwas unternehmen! Abwarten, was das Schicksal bringt, oder Glücksbringer-Ketten umhängen, die versprechen, Wünsche zu erfüllen? Okay, kann man machen, wenn man daran glaubt.

Doch wenn du tatsächlich erkennst, dass du selbst von der Marionette zum Puppenspieler werden kannst, du sogar auf die Unterstützung deiner inneren Teile zählen kannst, weißt, wo die Reise hingehen soll, und dann auch noch Taten folgen lässt – dann kannst du in dieser geballten Power-Kombination deine Ziele auch erreichen!

Erinnere dich an Michelle Schrenk: Sie könnte heute auch erfolgreich in einer Werbeagentur arbeiten. Aber sie hat sich aus ihrem bislang gemütlich-kuscheligen Nestchen namens Komfortzone herausgewagt und den Mut gefasst, ihren Traum zu leben! Sie hat es einfach getan! Das schaffst du auch – wie auch immer dein Traum vom Leben aussehen mag.

Was du noch heute dafür tun kannst, um dein Leben in allen Bereichen nach dem Lebensgefühl von innerem und äußerem Reichtum auszurichten, ist, die folgenden hilfreichen Gedanken zu notieren:

Mache dir bewusst, dass du nicht der Willkür anderer oder den äußeren Gegebenheiten hilflos ausgeliefert bist!

Alles lässt sich zum Guten oder noch Besseren wenden! Noch heute – ja, sogar noch in diesem Moment! Knuffe deinem inneren Kameramann in die Seite und richte den Fokus auf das, was du im Leben haben willst! Dann übernimm das Steuer und leg los!

„Ganz gleich, wie beschwerlich das Gestern war, stets kannst du im Heute von Neuem beginnen."

BUDDHA

· ·

SO GREIFEN DIE VIER PUZZLETEILE INEINANDER

Was ist also zu tun, um deine Herzensziele reell werden zu lassen? Ganz einfach: Alle Puzzleteile müssen perfekt ineinandergreifen: Nur wenn du auf der mentalen Ebene bewusst und unbewusst (!) zielgerichtet denkst und obendrein auf der physischen Ebene das Entsprechende unternimmst, kann sich Erfolg dauerhaft einstellen.

Ich lade dich also ein, die Hemds- oder Blusenärmel hochzukrempeln und dein neues Leben mit Freude anzupacken! Die Arbeit abnehmen kann ich dir leider nicht. Aber du wirst sehen: Wenn du für deine Ziele brennst, sie mit Leidenschaft und Feuer visualisierst und fest verankert hast, bekommst du viel stärkenden Rückenwind. Und wenn sich der Flow-Effekt bei deinem Tun und Wirken einstellt, dann geht alles sowieso spielend leicht von der Hand. Dann wirst du bald wie beim Surfen von der Welle sanft getragen. Was für ein reiches, energiegeladenes Gefühl!

Ein schönes Sprichwort wird dem Philosophen Laotse zugschrieben. Das möchte ich dir noch mit auf den Weg geben:

„Eine Reise von tausend Meilen beginnt mit dem ersten Schritt."

In dem Sinne: Fasse den Mut, den ersten Schritt in ein neues, aufregendes und nach deiner Definition reiches Leben zu gehen. Ich wünsche dir von Herzen alles erdenklich Gute dabei!

Herzlichst,

deine Christina Isabella Kaiser

DER KURS ZUM BUCH: VERTIEFE DEIN WISSEN IN MEINEM ONLINE-KURS!

Dir haben die Tools in diesem Buch wertvolle Dienste geleistet, du möchtest aber in die tiefere Umsetzung kommen?

Dann bist du in meinem Online-Kurs zum Buch mit der Möglichkeit für Live-Coachings genau an der richtigen Adresse! Lerne in vielen Übungen, Traumreisen und Meditationen, deine Ängste und Selbstzweifel nach und nach aufzuspüren und dich mit deinen inneren Teilen auszusöhnen.

Finde weitere Infos zum Kurs unter:
www.christina-isabella-kaiser.de

Hol dir das kostenlose Workbook zum Buch!
Auf meiner Website warten auch ein kostenloses Workbook zu den Übungen im Buch und viele inspirierende Traumreisen und Meditationen auf dich!

JETZT KOSTENLOS HERUNTERLADEN!

Oder unter:

www.christina-isabella-kaiser.de/be-rich-workbook

HINWEISE ZU DEN ÜBUNGEN

Übung „Wo drückt der Schuh":
Die spezielle Fragetechnik basiert u.a. auf dem sogenannten Metamodell der Sprache, teils unter Einbeziehung der Neuro-Logischen Ebenen nach Robert Dilts.

Übung „‚Entkleide' Glaubenssätze wie eine Zwiebel":
Die spezielle Fragetechnik basiert u.a. auf dem sogenannten Metamodell der Sprache, teils unter Anwendung der sogenannten Sleight of Mouth-Muster sowie den Neuro-Logischen Ebenen nach Robert Dilts.

Traumreise „So formst du dein Leben zum Schmuckstück":
In diese Traumreise fließen zum Teil auf den Neuro-Logischen Ebenen nach Robert Dilts basierende Fragen ein.

Übung „Treppauf zum Ziel":
Die Übung ist in leicht abgewandelter Form angelehnt an das Format „Change Future", unter Einbeziehung der Neuro-Logischen Ebenen nach Robert Dilts.

. . . .

LITERATUR- UND QUELLENVERZEICHNIS

Die nachfolgenden Werke geben dem geneigten Leser einen guten Überblick über die verwendeten Tools, Formate und Modelle und bieten bei Interesse zugleich die Möglichkeit zur Vertiefung des Wissens/Handelns/Tuns.

Church, Dawson: Geist über Materie. Die erstaunliche Wissenschaft, wie das Gehirn die materielle Realität erschafft, Momanda GmbH, 2018

Dannemeyer, Petra & Dannemeyer, Ralf: NLP-Practitioner-Lehrbuch – Potenziale entfalten mit Neurolinguistischem Programmieren, Junfermann Verlag, 2016

Dilts, Robert B.: Die Magie der Sprache. Sleight of Mouth. Angewandtes NLP, Junfermann Verlag, 5. Auflage 2016

Dilts, Robert B.: Die Veränderung von Glaubenssystemen. NLP-Glaubensarbeit, Junfermann Verlag, 5. Auflage 2010

Grzeskowitz, Ilja: Denk dich reich! Wohlstand ist Einstellungssache, Redline Verlag, 2. Auflage 2013

Kondo, Marie: Magic Cleaning. Wie richtiges Aufräumen Ihr Leben verändert, Rowohlt Taschenbuch Verlag, 41. Auflage Januar 2019

Krotoschin, Henry: Huna Praxis. Bewußte Lenkung des Schicksals, Verlag Hermann Bauer, 1990

Satir, Virginia: Meine vielen Gesichter. Wer bin ich wirklich? Kösel-Verlag, 17., neu ausgestattete Auflage 2019

Schulz von Thun, Friedemann: Miteinander reden: 3 – Das „Innere Team" und situationsgerechte Kommunikation, Rowohlt Taschenbuch Verlag, Sonderausgabe Oktober 2019

Seiler, Laura Malina: Mögest du glücklich sein. Entdecke dein Höheres Selbst und verbinde dich mit deiner inneren Kraft, Verlag Komplett-Media GmbH, 3. Auflage 2017

Weineck, Jürgen: Sportbiologie, Spitta Verlag GmbH & Co.KG, 8. Auflage 2002

[1] Vergleiche dazu die Website der Deutschen Gesellschaft für Ernährung (DGE), abgerufen am 2.10.2020: https://www.dge.de/presse/pm/vegane-ernaehrung-wenig-aktuelle-daten-zu-schwangeren-stillenden-und-kindern/ (abgerufen am 2.10.2020)

[2] Weineck, Jürgen: Sportbiologie, Spitta Verlag, 2002, 8. Auflage

[3] Mehr zum Thema Floating findest du unter: https://floating-verband.de/was-ist-floating/ (abgerufen am 26.10.2020)

[4] Inspiriert von der Idee der Teamkonferenz des inneren Teams von Friedemann Schulz von Thun. Wenn du hier tiefer in die Materie der Teamkonferenz eintauchen möchtest, ist der Klassiker zum Thema empfehlenswert: Schulz von Thun, Friedemann: Miteinander reden: 3 – Das „innere Team" und situationsgerechte Kommunikation, Rowohlt Taschenbuch Verlag, Sonderausgabe Oktober 2019

[5] Krotoschin, Henry: Huna Praxis. Bewußte Lenkung des Schicksals, Verlag Hermann Bauer, 1990